ROSARIO REAL CALAMA

SUTILES PERCEPCIONES

DE UNA REALIDAD

la Rueca
editorial

© Rosario Real Calama

© Editorial La Rueca

www.editoriallarueca.com

Primera edición: febrero 2024

ISBN: 978–84–19865–29–8

Depósito Legal: M-4082-2024

Impreso en Madrid – España – UNIÓN EUROPEA

Para Natalia y Cristina,
cuyas críticas voces estimulan mi vida.

"Todo tiene su tiempo
y cuanto se hace bajo el sol tiene su hora"
(Eclesiastés, 3:1)

"Pedid y se os dará.
Buscad y hallareis.Llamad y se os abrirá.
Porque todo el que pide recibe,
y el que busca halla,
y al que llama se le abre.
(Mateo, 7:7)

"La verdad os hará libres"
(Juan, 8:32)

PRÓLOGO

He tenido muchas dudas a la hora de elegir el título de estos relatos, cuyo contenido viene referido a la captación de las diferentes formas en las que pueden apreciarse algunas magnitudes, entidades, o en su caso instituciones, que nos vienen impuestas durante el transcurso de nuestras vidas, tales como el tiempo, la muerte, el mal, el misterio, la luz o la sombra. No era fácil encontrar una significación de conjunto que las comprendiera a todas ellas. Finalmente, la opción elegida –Sutiles percepciones de una realidad–, me parece la expresión más adecuada para describir una percepción del mundo como la que puede descubrirse a través de estos relatos, donde se hallan presentes manifestaciones de todas esas entidades además de algunas otras sugerencias.

Los relatos de este conjunto giran, como se ha dicho, en torno a entidades o magnitudes de gran interés para el ser humano, como el TIEMPO, la más misteriosa y asimétrica de todas, porque se refiere a la experiencia que todos tenemos de que el tiempo discurre siempre en una dirección única, de pasado a futuro. Sin embargo, aquí aparece tratada en otras variantes y variadas formas de manifestación, más allá de lo que supone una simple concepción lineal o cronológica de eso que llamamos Tiempo, a través de algunos relatos que desmienten su total asimetría. También sobre la LUZ, hacia la que siempre tendemos en el mundo occidental, algunas veces arrolladora y otras, más esquiva y distante, que ilumina para evocar recuerdos y vivencias de un pasado remoto ya casi irreconocible. Y, junto a ella, su oponente, la SOMBRA, como parte inseparable del proceso natural de las cosas, pero que no es, en ningún caso –quiero aclararlo–, un elogio del concepto de sombra. Tampoco se trata de una atracción especial por esa entidad sombría –como afirma el escritor y maestro de autoconocimiento, Pablo D'ors–, respecto al sentimiento dominante en el hombre de hoy-, sino simplemente, de la observancia y constatación de una de las vertientes principales de toda existencia humana. Porque la sombra –a diferencia de la luz–, te busca y te encuentra, quiere quedarse contigo, es más activa y cercana que la luz, a la que hay que buscar con mucho esfuerzo en su lejanía, instalada como está en su pedestal inamovible que no todos pueden alcanzar. La sombra es, por el contrario, asequible y universal, porque se abre a todos, no discrimina, aunque tenga sus prioridades y también sus preferencias. Si admitimos que el mundo está compuesto de sombras y oscuridad, tanto como de luz y claridad, aceptaremos también que nuestra existencia se desenvuelve en los claroscuros que se crean dentro de las cosas y de nosotros mismos.

También tratan sobre el MISTERIO que algunos sucesos de la vida cotidiana encierran, como pequeños apuntes y diminutas manifestaciones de esa imponente entidad que encierra dentro de sí algo tan esencial como nuestra existencia misma. Sobre el MAL, como entidad presente en sus múltiples y variadas manifestaciones no siempre reconocibles en la escena de hoy, donde aparece camuflada bajo distintos disfraces y se condensa en pequeñas acciones que muchas veces pasan desapercibidas para quienes no son observadores, pero que, encadenadas y unidas unas a otras, pesan muchas veces con demasiada fuerza sobre nuestros destinos.

Algunos de los relatos se refieren al desenvolvimiento actual de alguna institución social que, por razones profesionales he podido conocer de cerca, como la de la JUSTICIA. Y, en fin, aquellos otros que, de forma más directa, evocan la VIDA y la MUERTE, ejes indiscutibles de toda existencia humana, en la que se debate el posible hallazgo de su propia consciencia. Todo ello, como no puede ser de otra forma, aparece condicionado por la inapelable fuerza de la MUTABILIDAD de las cosas en un mundo en constante transformación, que, de forma incesante, cambia y transforma todo cuanto existe en el universo, y, por tanto, nuestra sociedad actual, a la que se dirige la mirada del observador.

Cada uno de los relatos aquí recogidos se desarrolla en un marco de concreción que, estimo, invitan al lector inquieto y experimentado a reflexionar sobre aspectos esenciales de su propia vida, si es que ello, pudiera de alguna forma ser de su interés.

CONFLUENCIAS DEL TIEMPO

A veces ocurren sucesos tan extraordinarios que quienes los vivimos decidimos no contarlos, en la certeza de que si lo hiciéramos no nos creerían y en el mejor de los casos, pensarían que hemos tomado por real una situación que, sin duda, no lo era.

Uno de esos sucesos inexplicables me ocurrió el 21 de octubre de 2017 y desde ese día no se lo he confiado a nadie, por temor a que me tomen por persona desequilibrada o, cuando menos, por alguien obsesionada con el pasado. Ya en alguna ocasión había discutido con mis amigos sobre la idea de una posible abolición del tiempo, de manera tal que varios sucesos pertenecientes a distintos momentos cronológicos, pueden concurrir en un mismo tiempo. El suceso que voy a relatar tiene que ver conmigo y con mi pasado, con el enigma que supone tener que encajar determinados acontecimientos en el devenir del tiempo, para admitir que algunos de ellos, a pesar de pertenecer a momentos vitales muy distantes, según nuestra concepción temporal, no obstante, pueden plasmarse y confundirse en el tiempo.

Me disponía a asistir a un concierto de cierta relevancia musical y mayor expectación creada por la figura de un afamado director, cuya avanzada edad y estado de enfermedad, eran circunstancias que hacían presagiar que ese sería su último concierto en Madrid. Como es mí costumbre, había estado escuchando previamente las obras musicales que se iban a interpretar para situarlas en su contexto, comprenderlas mejor, e introducirme más fácilmente dentro de la música. Disfrutar de un gran concierto, de la lectura de un buen libro, o de la contemplación de cualquier otra obra de arte era algo que aportaba un alto grado de satisfacción a mi vida. Claro que no siempre fue así, porque durante mucho tiempo, más del que yo hubiera deseado, esa parte tan grata de la existencia permaneció en un limbo, a expensas de la serie de preocupaciones puntuales que por entonces nublaban mi mente, impidiéndome disfrutar de esos placeres de la vida.

Aquella tarde de otoño llovía intensamente sobre Madrid y yo no había tenido la precaución de salir de casa con la debida antelación para que el recorrido en coche hasta el auditorio no se transformara en algo angustioso ante la incertidumbre de poder llegar a tiempo. Ya se sabe que cuando llueve sobre Madrid, los atascos de tráfico son descomunales e imprevisibles en cuanto a su posible duración y me encontraba dentro de un gran atasco que comprometía mí llegada a la hora prevista. En esas situaciones, la duda, acerca de si la suerte o algún otro elemento aleatorio, me permitiría llegar a tiempo al concierto, me producía un estado de ansiedad que iba *in crescendo*, cuya presión tenía que aligerar centrando la atención en algo concreto y banal que aflojara la tensión.

En aquella ocasión me fijé, no sé si por casualidad o quizá por otra razón indescifrable, en la conductora que ocupaba el vehículo situado a mi derecha, un volvo pequeño de color blanco –que casualidad, pensé, porque yo había tenido uno igual-, que constantemente se paraba justo a mi altura, entre fugaces adelantos y retenciones que volvían a colocarlo a mi lado derecho. Aunque había poca luz y además estaba lloviendo copiosamente, podía ver a su conductora desdibujadamente a través del cristal. Se trataba de una mujer joven, morena, que aparentaba unos treinta y tantos años y conducía de forma distraída e insegura, absorta como parecía estar en sus pensamientos, que no me miró ni una sola vez. Tampoco prestaba ninguna clase de atención a su entorno, lo que me hizo temer en más de una ocasión que se estrellara contra el coche de delante, en una de esas obligadas y repetidas frenadas.

Aunque no lo distinguía con nitidez, tenía un perfil que me resultaba familiar, con una expresión que se adivinaba en permanente tensión y una actitud denotaba un desinterés absoluto por todo lo que la rodeaba que no fueran sus propios pensamientos, que, parecían haberse apoderado de todo su entorno, incluso de su propia apariencia, porque, aunque su aspecto resultaba elegante, iba claramente descuidada en su apariencia, a juzgar por su pelo sin arreglar, que disimulaba con un recogido hecho a toda prisa y sin gracia alguna, lo que yo interpretaba como signo inequívoco de un descuido y una falta de coquetería voluntarios. Parecía además poco maquillada, como corresponde a esa idea de mujer joven y estresada que ya me estaba haciendo de ella.

En un momento determinado adiviné que intentaba fumar, porque revolvía dentro de su bolso con movimientos nerviosos que trataban de localizar un pitillo y un encendedor. Cuando los tuvo ya en la mano, dudó un momento antes de encenderlo, como si la ejecución de tal hecho en el interior del coche pudiera causarle algún problema, porque abrió apresuradamente la ventanilla izquierda, pulverizando con un spray por el aire y espacio interior del coche, en un claro intento de que esa acción, tal vez prohibida, no dejase ningún rastro de olor a tabaco.

Observé también que las frecuentes miradas a su reloj no guardaban proporción alguna en el tiempo. A veces miraba dos y hasta tres veces prácticamente seguidas, pero luego se olvidaba de la hora durante varios minutos, mientras examinaba unas cuantas líneas escritas en un pequeño cuaderno que parecía querer memorizar, acompañando ese acto con pequeños golpes de los dedos de su mano derecha sobre el volante, como enumerando cada uno de los mensajes escritos. Cuando terminó su cigarrillo, que apuró hasta el filtro, lo arrojó por la ventanilla en un acto más que evidente de que intentaba no dejar rastro alguno de haber fumado.

La joven a la que venía observando desde hacía un buen rato con creciente interés, no solo me producía curiosidad, sino también una cierta inquietud a medida que pasaba el tiempo, porque me transmitía esa sensación de constante preocupación y nerviosismo en todos sus pequeños actos, algo que yo había conocido bien, aunque después de muchos años, hubiera logrado alcanzar un moderado estado de tranquilidad y relajación. Comprendía que ella se encontraba en esa parte central de su vida que yo llamo "la vorágine", donde el estrés y la angustia, son en muchos casos compañeros inseparables.

Después de algún tiempo de observación, salimos del inmenso atasco que había tenido lugar dentro del túnel de Joaquín Costa que conduce a un cruce donde ambos vehículos, el suyo y el mío, giraron a la derecha para hacer la rotonda que lleva al tramo final de la calle Velázquez, por la que debe seguirse para llegar al Auditorio. El coche de la joven que me estaba obsesionando, torció por una de las callejuelas de la derecha y lo perdí de vista con cierto alivio por mi parte. Después me concentré en buscar un buen aparcamiento, porque llevaba puesto un Walker en la pierna izquierda, como consecuencia de una reciente caída que me dificultaba andar, pero esta vez tuve suerte y al instante salió un coche que me permitió aparcar enfrente del Auditorio.

Estaba parada en el semáforo de Príncipe de Vergara cuando volví a pensar en la joven que había venido observando durante el trayecto, en su actitud, tan parecida a la mía muchos años atrás, cuando la inquietud y el desasosiego dominaban buena parte de mí vida y también, en lo sorprendente que resulta comprobar cómo determinados gestos y actitudes de algunas personas, incluso en las mismas situaciones van repitiéndose en el tiempo, porque esa muchacha, de comportamiento asombrosamente familiar, había despertado en mí resonancias de otros tiempos ya casi olvidados. Y sonreí recordando una cita de Borges, según la cual, basta una sola repetición para demostrar que el tiempo es una falacia, y también, las palabras de Howard Hinton sobre el hecho de que todas las cosas y movimientos en nuestro mundo son solo lecturas a partir de una realidad permanente. ¡Vaya!, había encontrado un motivo nuevo para la reflexión sobre el enigma de una posible reiteración del pasado…, y, envuelta en estos pensamientos, crucé la calle Príncipe de Vergara dispuesta a olvidar ese encuentro con un posible fantasma del pasado.

El rumor controlado de las voces a la entrada al Auditorio era idéntico al de hacía muchos años, lo que constituía una excepción frente a lo que ocurre en la mayoría de los lugares y centros de reunión de la sociedad madrileña de hoy, más ruidosos y bullangueros que este, que permanece igual, al menos en el contexto de los conciertos organizados por Ibermúsica, donde la clase de público que asiste es esencialmente el mismo: gente mayoritariamente entrada en edad, de alto nivel económico, educada y homogénea en su apariencia y comportamientos; bastante clase política desde el mandato de Felipe González y algún que otro periodista de renombre. En general la clase de público que no molesta, que no hace ruido ni habla cuando no debe, que sabe cuándo debe aplaudir y permite mantener la máxima atención musical, en la seguridad de que nada, o casi nada, interrumpirá ese mundo interior que se suele crear en cada uno de los aficionados a la música hasta el final del concierto. Así me disponía yo a vivir el concierto de aquella tarde, de una manera intensa y personal, razón por la que últimamente también prefería acudir sola para no distraerme.

Durante la primera parte había conseguido mi objetivo, pero ya mediado el concierto mi mirada reparó de forma involuntaria en alguien que se encontraba en diagonal a escasa distancia de mí. Con gran sobresalto pude comprobar que se trataba de la joven a la que había venido observando durante el trayecto en coche. Estaba sentada en una butaca que me permitía, aún a cierta distancia, observar su actitud y movimientos, aunque no pudiera escuchar sus palabras. Iba acompañada por un hombre también joven y de buen aspecto que parecía estar muy interesado en la música. Su postura y ademanes al referirse a su acompañante respiraban seguridad y simpatía al mismo tiempo. Él, le hacía continuos comentarios, que yo intuía eran sobre el programa y la orquesta, con apariencia de encontrarse a gusto en aquel lugar, en contraste con la actitud de la joven, que seguía metida dentro de sí misma, alejada de un mundo que, a simple vista, parecía no interesarle demasiado. En algunos momentos de la conversación —que yo suponía eran cuando no se hablaba de música—, ella abandonaba su pasividad y le replicaba de forma tan airada que hacía evidente una importante carga de tensión entre ambos; entonces, él le respondía con enfado y a continuación, permanecían unos instantes en silencio. No me cabía ya ninguna duda de la insatisfacción de aquella mujer y del disgusto con su entorno. Sin embargo, lo que me inquietaba, lo que más me importaba comprender, era la razón por la que aquella presencia me afectaba tan íntimamente, ejerciendo sobre mí tal presión que me impedía olvidarla.

Esa imagen y su forma de expresión comenzaron a subyugarme todavía más cuando daba comienzo la segunda parte del concierto y empezaron a sonar los acordes iniciales del primer movimiento de la Sinfonía Fantástica de Berlioz, durante el cual, su protagonista pasa de un sueño melancólico a un estado de delirante pasión con estallidos de furia, al descubrir a una mujer con todos los encantos que su imaginación había soñado.

Me encontraba bastante aturdida por la presencia cercana de una mujer que, he de reconocerlo ya, se asemejaba tanto a mí en aquel lejano pasado; un pasado tan opaco que me costaba recordar, pero que, de alguna forma yo intuía que ahora lo tenía delante de mis ojos.

Durante el baile del segundo movimiento de la sinfonía, un dulce vals en el que la imagen de la amada se presenta arrojando turbación sobre el alma del protagonista, mi estado de ánimo era de una gran desazón tras comprobar la incapacidad de aquella joven para disfrutar de todo lo que tenía delante, pero a la vez, entendía su inapetencia y su decidida actitud negativa y de rechazo por todo aquello que se le ofrecía.

Ella, completamente ajena a mi observación, miraba hacia ambos lados sin buscar aparentemente un objetivo concreto; deslizaba continuamente sus dedos por el satinado papel del programa de mano que sostenía sobre la falda y miraba con frecuencia su reloj, en un movimiento estudiado para pasar desapercibido a los demás, pero que me resultaba particularmente familiar. Era un movimiento que consistía en adelantar con sumo cuidado el brazo izquierdo hasta dejar la muñeca al descubierto, en el lugar preciso para que la mirada de sus ojos pudiera contemplar la esfera del reloj sin que nadie, a derecha e izquierda, pudieran advertir tal acción. Nadie salvo yo, que permanecía muy atenta a ese comportamiento silencioso que conocía sobradamente.

Durante el diálogo entre los dos pastores que se desarrolla en el tercer movimiento de la sinfonía y que contribuye a dar un color más alegre a la escena campestre, para enturbiarla después por los ya negros pensamientos del protagonista, se fueron apoderando de mí otras sensaciones de miedo y esperanza. Miedo de reconocer que aquella imagen y comportamientos hubieran sido alguna vez los míos. Esperanza de estar soñando, porque el tiempo nunca vuelve hacia atrás, salvo en nuestros propios sueños.

Ni siquiera la apoteosis y la solemnidad del cuarto movimiento de la sinfonía, el camino del suplicio, fueron capaces de motivarla y sacarla de su ensimismamiento. Aquí, el protagonista, que ya ha adquirido la certidumbre de que su amada no le responde y tampoco le comprende, se envenena con opio, pero la dosis demasiado escasa, le sumerge en un pesado sueño en el que es conducido al suplicio, donde asiste a su propia ejecución en medio de esa marcha a veces sombría y salvaje, a veces brillante y solemne.

Mi malestar iba creciendo a medida que la interpretación de la sinfonía continuaba, transformándose en verdadera irritación contra aquella joven insensible que parecía querer representarme a mí misma, en el mismo contexto, aunque en otra época ya muy lejana. Pensaba que el tiempo, como siempre me habían enseñado y tenía suficiente experiencia de ello, es lineal y el pasado quedaba tan atrás que permanecía en el olvido. Sin embargo, aquí y ahora podía contemplar una reproducción de ese pasado que me forzaba a recordar. ¿O, es que tal vez yo estaba en un sueño?

El quinto y último movimiento de la sinfonía me iba sumergiendo en su propio aquelarre, en medio de aquellas sombras, brujos y monstruos reunidos en torno a los funerales del protagonista, durante los cuales, la amada se une también a la diabólica orgía, en medio de tenebrosas danzas y fúnebres tañidos de campanas.

Cuando finalmente la sinfonía concluyó, las manos de la joven aplaudieron con premura y sin vehemencia, para inmediatamente, tal y como yo había previsto, levantarse y salir apresuradamente de la sala, con la consiguiente desaprobación de su pareja que quería continuar en el merecido homenaje a los músicos. Fue entonces cuando reconocí también con gran sobresalto, que su forma de levantarse era ciertamente muy semejante a la mía de otros tiempos; que incluso, su arreglo personal se correspondía igualmente con el mío, y, ¡oh Dios mío!, que el traje de chaqueta gris marengo que llevaba puesto era muy parecido, si no idéntico a uno que yo tenía hace ya muchos años, que utilizaba como remedio y opción segura en todas aquellas ocasiones en las que no tenía tiempo ni ganas de pensar ni elegir qué ponerme, y además, lo acompañaba con la blusa de seda blanca tan socorrida para un buen número de ocasiones. Recordé en ese instante que yo solía llevar un pañuelo de seda en tonos anaranjados para dar un poco de color a mi atuendo excesivamente serio y oscuro.

De pronto, sentí un impulso de salir corriendo tras ella, agarrarla de un brazo y preguntarle cara a cara quién era, pero ni mi estado emocional, ni el walquer que llevaba puesto en la pierna izquierda me lo permitían, de manera que permanecí muy desconcertada en mi butaca esperando a que la gente fuera saliendo, mientras volvía a mirar hacia el asiento vacío, hasta finalmente descubrir, en medio de una gran excitación y ansiedad, que allí había algo que ella se había dejado olvidado. Ahora sí que me lancé con dificultad y emoción hacia el lugar de mi propio aquelarre. En el escaso trayecto que debía recorrer, en dirección opuesta a la salida, la gente me miraba con gestos de sorpresa y desaprobación por ir en sentido contrario al debido, hasta que llegué a su asiento vacío para comprobar in situ que ella, en su apresurada huida, había olvidado allí su pañuelo de cuello en tonos anaranjados. Lo recogí con precipitada ansiedad para olerlo y someterlo así, a la prueba definitiva e irrefutable, que me iba a demostrar que ese pañuelo era efectivamente mío. Y junto a él, se encontraba también su programa de mano del concierto, que había tenido lugar el día 27 de octubre de 1988.

EL PODER DE UNA IMAGEN

Siempre había sentido una atracción especial por la luz. La observaba ya desde muy niño en su variedad de matices al proyectarse sobre el color de las cosas iluminándolo todo. También me había fijado en sus diferentes intensidades según los momentos del día, o mejor, de los distintos días, atendiendo a la carga de luz solar que cada uno de ellos reflejaba. Me impresionaba de manera especial su descenso gradual, o súbito, en los tiempos precisos hasta llegar a desaparecer por completo dejando paso a la más absoluta oscuridad.

La sala del museo arqueológico destinada a la cultura ibérica en la que pasaba muchas horas al día tenía una luz muy especial, que despertaba en mí reminiscencias de un pasado. Era una luz a la vez tenue y sumisa, que variaba por momentos según la afluencia de gente o la posición concreta desde la que yo observaba y que iluminaba con delicadeza los objetos expuestos en sus vitrinas. Parecía una luz temerosa e insegura del nivel de intensidad con el que debía hacerse presente para no molestar, como si tuviera voluntad propia y quisiera contribuir a una mejor contemplación de los objetos que allí se exponían de forma permanente.

La luz artificial de la vitrina en la que la Dama se encontraba era siempre la misma. Sin embargo, el efecto de la luz natural que entraba por detrás, al mezclarse con la de la vitrina, dotaba de un matiz especial los distintos objetos que adornaban a la Dama, e incluso, tenía el poder de modificar el gesto sereno de su rostro, un gesto que no me parecía siempre el mismo, porque cambiaba según fuera la mirada del observador, en este caso, yo. Se trataba de una escultura íbera del siglo IV antes D.C. que representaba a una mujer sentada en un trono alado, realizada en piedra caliza policromada, que fue descubierta el 20 de julio de 1971 en el Cerro del Santuario de Baza. La escultura aparece ricamente vestida y adornada. El manto que la cubre termina en una cenefa de cuadros rojos, del mismo color que sus zapatillas. Lleva pendientes, collares, una tiara en la cabeza y aparece sujetando un pichón con su mano izquierda.

En la época a la que me refiero, solía entrar en el museo a distintas horas del día para examinar mejor el efecto de la luz natural sobre la vitrina donde se encontraba la Dama, que se hallaba en una zona más bien oscura, de espaldas al lugar por el que entraba la luz natural y aparecía escasamente iluminada en comparación con otras vitrinas contiguas a ella, o tal vez fuera que yo quería ver más allá de lo que se podía ofrecer, porque aquella escultura me atraía de forma muy intensa.

La mayoría de los visitantes del museo pasaban por delante de la Dama mirándola con un limitado interés. Algunos, se paraban unos instantes en los que la observaban con una mirada interesada en descubrir algo de la cultura de otros tiempos muy lejanos, pero sin dar muestra alguna de que aquella representación les produjera algún tipo de sensación o emoción visibles en sus gestos. Lo que me estaba sucediendo a mí estaba muy lejos del interés que suscita cualquier análisis de la pieza por parte de quienes la examinan con un interés puramente cultural o histórico, tratando de explicarse un tiempo y una sociedad desconocida, a través de los distintos elementos que componen su figura, pero con la frialdad propia de quien analiza algo ajeno a sí mismo.

La primera vez que pasé por delante de la Dama experimenté una fuerte sensación de proximidad. Al principio, su rostro me pareció más bien feo y poco femenino. Pero me detuve largo tiempo porque "algo" había en ella que me resultaba afín y conocido. Cuando me hallaba ante la vitrina para examinarla más detenidamente, mi mirada reparó de súbito en unos enormes pendientes cuadrados, de tamaño inusual y desproporcionado en relación con el de su rostro. Al mirarlos sentí un ligero mareo que nacía de la boca del estómago y me envolvía progresivamente hasta la cabeza, produciéndome una inestabilidad que me obligó a desplazarme hacia la zona central de la sala, dominada por una intensa luz que entraba desde el techo acristalado. Caminé unos minutos por sus amplios espacios y cuando me recuperé de este pasajero malestar decidí volver a la vitrina de la Dama que me atraía como un imán. Estaba contemplando de nuevo aquellos enormes pendientes en forma de farol que, sorprendentemente me resultaron familiares, tanto que pude sentir mis pequeños dedos de niño jugar con ellos y tuve la certeza de que en algún momento yo los había tocado, observando cómo se movían sus flecos en un pequeño vaivén, mientras entraba en mi boca un líquido dulzón que me gustaba. La tiara que la Dama llevaba sobre su cabeza profusamente decorada, también me resultaba inquietantemente familiar, sobre la que una mirada infantil había reposado con curiosidad en un recorrido por los distintos elementos que la conforman. Pero lo más inquietante de todo era que aquella majestuosidad de la figura sedente me resultaba también conocida en su mirada serena, que infundía a la vez sensaciones de paz, de respeto y de quietud. Parecía querer recordarla, cuando un fuerte dolor de cabeza, detrás de la cavidad de los ojos se iba apoderando de mí y un gran cansancio me dominaba. Salí del museo buscando el aire del exterior y anduve mucho tiempo aturdido por las calles plagadas de gentes y de coches en aquella tarde de un otoño madrileño en el que creí reconocerla vagamente.

Decidí volver al museo al día siguiente por la mañana para verla de nuevo. Cuando descendía por la rampa que conduce a la entrada, unas fuertes palpitaciones me forzaron a detener la marcha. Se trataba de una clase de emoción parecida a la que me oprimía en mi adolescencia cada vez que tenía que expresarme en público cuando algún profesor o grupos de amigos se dirigían a mí con la pretensión de que respondiera a sus preguntas. Entonces, con el corazón a galope, se me quebraba la voz en la respuesta, despertando el consiguiente asombro en aquellos que me escuchaban. Ese mismo temor era el que me acompañaba también ahora, aunque ante una situación bien distinta. Ahora solo se trataba de observar atentamente para identificar el origen de mi desmedida reacción ante un objeto perteneciente a una edad remota, cuya contemplación había desencadenado la tarde anterior resonancias de un posible pasado que yo, escéptico por naturaleza, me había negado a admitir con toda clase de razonamientos.

En esta ocasión, me detuve más tiempo observando algunas de las vitrinas adyacentes, sin atreverme a llegar a la de la Dama. Uno de los vigilantes que me había visto el día anterior, me miraba con curiosidad y tratando de disimular mí desmedido interés, me acerqué a una pareja de visitantes para escuchar la explicación qué sobre la Dama daba uno de ellos a su acompañante. "Se trata de un personaje principesco de la sociedad ibérica que está íntimamente asociada a la imagen de la mujer"–dice el joven de la barba, haciendo un alarde de cultura ante la mujer que lo acompaña–. Él sabe mucho de la escultura que examina, pero su tono y expresión son fríos y distantes, carentes de toda emoción visible más allá de un puro interés histórico o arqueológico. "Viste sayas y túnica –continuó– y va ricamente adornada con pendientes y collares que le cubren el pecho. También lleva en la cabeza una tiara ribeteada sobre la frente con una orla de cuentas. Su rostro es bastante personal y hay símbolos de la divinidad, como el pichón que lleva en su mano izquierda, que representa el alma, o el trono alado sobre el que está sentada, que le permite elevarse y transportarse por los aires…". Los comentarios de la joven pretenden demostrar un interés que se aprecia ficticio y que, sin duda, va dirigido solo al que siente por su acompañante. Ella es de belleza vulgar, va muy arreglada para visitar un museo, como si el plan la hubiera cogido por sorpresa, pero no quiere parecer ajena al interés mostrado por el hombre, e intenta seguirle la conversación sobre algo que no parece interesarle demasiado. Cuando la pareja se aleja hacia otra de las vitrinas –han permanecido aquí seis minutos–, vuelvo a centrar mi atención en los pendientes de la Dama que tanto me impresionaron en la visita anterior, cuando me reconocí alzándolos en el aire para ver ese vaivén que, en algún momento de mi existencia, sé que me hizo feliz. Permanecía ensimismado ante una imagen que me esforzaba por aprehender cuando, de pronto sentí que era apartado de su regazo y depositado en un frío y pedregoso suelo, en medio de unos sonidos que no podía identificar. Era consciente de cómo me arrastraba por ese áspero suelo hasta llegar al borde de aquella tela que caía, en cuyo borde inferior aparecía el dibujo ajedrezado en blanco y rojo que yo quería tocar, pero no podía alcanzar, a la vez que siento cómo se produce un movimiento en el interior de la tela, acercándomela para que la pueda agarrar. Yo había deslizado mis dedos por aquella cenefa roja en el borde de su manto, había seguido su trazado, y había tocado aquellas zapatillas rojas desde un frío y pedregoso suelo. Por unos instantes tuve el convencimiento de la cercanía que, en algún momento había mantenido con la Dama y, anonadado, me retiré lentamente de aquella vitrina tratando de buscar alguna explicación a la experiencia que acababa de vivir, incrédulo ya, de que esa experiencia hubiera podido producirse realmente.

Después de aquello he pensado mucho sobre algunos hechos y determinadas preferencias o caprichos de mí infancia, como por ejemplo la de las cenefas geométricas, cuyo poder de atracción me ha llevado a dibujarlas de manera constante en los cuadernos escolares. Sus variantes eran muy numerosas, pero lo más importante, era la idea de imaginar que podían continuar trazándose hasta el infinito. Pensaba entonces que el infinito tendría una razón de ser, a la que conducían las infinitas cenefas geométricas. Geometría y Universo siempre habían sido para mí representaciones muy ligadas entre sí.

Los sucesos que describo ocurrían durante un otoño especialmente luminoso en Madrid, o eso me parecía a mí, que observaba con mucho detenimiento el recorrido de la luz hasta la última del día. En aquel momento comenzaba a declinar la tarde y yo me encontraba de nuevo a unos metros de la vitrina de la Dama, en la parte central de la planta, donde la luz es más intensa por efecto de un alto techo acristalado. Estaba muy cansado tras largas horas pasadas tratando de hallar explicación a las resonancias que me producía la contemplación de aquel espacio. Ya estaba dispuesto a abandonar el lugar cuando un súbito descenso de luz me retuvo impidiéndome salir de allí. Me había sentado sin darme cuenta en una se las sillas de los vigilantes, uno de los cuales, el que más interés demostraba en mí, me observaba con atención y un punto de incredulidad. Deduje que ya habría comentado algo con los compañeros sobre la extrañeza de mi comportamiento, porque ninguno de ellos vino a decirme que no podía ocupar la silla que está reservada para el personal de vigilancia. Pero la fatiga que ahora estaba sintiendo me impedía levantarme de la silla, mientras iba cediendo a una intensa sensación de sueño que acabó por adormecerme….

En un estado que no sabría describir, me encuentro acompañado por gentes cuyas siluetas aparecen desdibujadas, todas ellas mirando, al igual que yo, en una misma dirección, la del sol minutos antes de ocultarse. Hay gran murmullo y expectación cuando esa última luz del día se introduce por un hueco de una gran roca y proyecta en el fondo de una cueva una imagen que no reconozco. Una sensación placentera de paz domina la escena, dotando de serenidad a quienes nos encontramos allí, hasta que la oscuridad se impone del todo, en ese ciclo temporal que parece impuesto tan solo para añorar la luz.

Tengo la sensación de que estoy atrapado en un proceso mental dominado por la memoria que de alguna manera me fuerza a reconocer y reproducir ciertos hechos que quedaron sepultados en un lugar remoto de mi existencia, pero que perduran y pugnan por salir al exterior. Es una luz de atardecer, en decadencia, que poco a poco va siendo sustituida por la de las antorchas y, sobre todo, por la de una inmensa llama que cubre el cuerpo de alguien tendido sobre una pira situada en una gran plataforma. Yo me encontraba junto al resto de los asistentes a poca distancia del fuego, observando en silencio todo aquello que tenía delante de mí y que presenciaba por primera vez en medio de aquellas plataformas de piedra irregulares, trabadas con barro que configuraban un espacio formado por una abigarrada acumulación de estructuras, de tamaños y formas variados. Parece un paisaje funerario que no había visto hasta entonces, donde impera el silencio, un largo tiempo de silencio quebrado por las tenues notas de un instrumento solemne. La hoguera desprende un fuerte olor a carne quemada que me revuelve el estómago. Sé que me he podido desprender de la mano varonil que me sujetaba con firmeza y que he caminado solo, campo a través, envuelto en las tinieblas de la noche, hasta desvanecerme en un inconsciente muy lejano.

Recuerdo el instante en el que un vigilante del museo se acerca a mí. Con gesto de preocupación me da unos golpes en el hombro, mientras me pregunta si me encuentro bien. Me dice que ya es la hora de cerrar el museo, pero que puede ofrecerme un poco de agua y acompañarme hasta la puerta para tomar un taxi. Le doy las gracias y le digo que no hace falta, que me he quedado traspuesto sin querer, pero que me encuentro bien, y, levantándome con dificultad, camino en dirección a la salida del museo, desprendiendo un fuerte olor a carne quemada que ha quedado incrustado en mi ropa, que trasciende al exterior y deja atónito al vigilante que es consciente de que yo no me he movido de allí.

REVIVIR UN PASADO

Sucedió una tórrida tarde del mes de julio madrileño. Yo salía de darme un baño en la piscina del club que frecuento, cuando ella pasó junto a mí. Nos hemos mirado con ojos atentos y sorprendidos. Nos hemos reconocido.

Su cuerpo, antes escultural, muestra ahora los signos del paso del tiempo. Su pelo rubio, antes largo y ondulado, aparece ahora recogido en la nuca, lo que le da un aspecto atemporal que resalta unas facciones incisivas en un rostro que transmite inteligencia y equilibrio.

Cuando me abraza, su piel desprende con el movimiento un seco y afrutado olor que percibo con agrado, como reminiscencia de otro ya lejano en el tiempo, pero perfectamente reconocible.

Elvira me propone tomar un café que acepto con recelo, pero también con mucha curiosidad. Hace cuarenta años que no nos vemos. Nuestra relación fue intensa durante todo el tiempo en el que nuestras vidas discurrían dentro de un mismo entorno, luego nuestros caminos se separaron. Nos sentamos a la mesa de una terraza desierta a aquella hora de la tórrida tarde de verano.

Me impresiona su naturalidad nada al uso en la escena actual en la que transcurre mí vida. Viste de un malva claro, sin adornos ni excesos de ningún tipo. No hay ningún dato en su apariencia que me permita discernir su posible pertenencia a ninguno de los prototipos de mujer de hoy.

Comenzamos la conversación sin alusión alguna a nuestra imagen actual, ni a lo que hemos cambiado en relación con nuestra atractiva apariencia física tantos años atrás. Su actitud no revela ningún signo de pérdida o añoranza en este sentido. No desea parecer más joven de lo que es y aunque su rostro refleja la experiencia de una vida ya larga, aparece sin rastro alguno de tristeza o amargura.

Cambiamos muy pocas frases acerca de nuestras respectivas situaciones actuales, que mencionamos de forma pasajera y apresurada, como si nuestro presente no tuviera cabida en el interés que nos une a ambas, e, inmediatamente pasamos a hablar de nuestro común pasado universitario tan lejano ya en el tiempo.

Recordamos con enorme precisión muchas de las escenas vividas cuarenta años atrás, donde cada una nosotras, va aportando datos y matices que construyen una imagen perfecta de la realidad de un pasado, en la que podemos introducirnos sin ninguna dificultad, tal y como si la estuviéramos viviendo de nuevo. A medida que esto ocurría, no dejaba de sorprenderme nuestra capacidad conjunta para una perfecta recreación de situaciones pasadas, que revivíamos otra vez con el mismo sentir y mentalidad de entonces, de tal forma que, en esos momentos, la imagen que yo tengo frente a mí, no era la de la Elvira que acababa de encontrar, sino la de cuarenta años atrás, grabada de forma indeleble en mi memoria.

Después de revivir muchas anécdotas comunes que nos acercan cada vez más, nos detenemos en la escena que tiene lugar en el bar de la Facultad de Letras, en la que un compañero que estudia Filosofía nos hace una especie de "análisis personal" de cada una de nosotras. Su discurso, está plagado de tópicos y premoniciones de dudoso valor, pero toca de soslayo un tema que a mí me interesa mucho: el paso inexorable del tiempo y la remota posibilidad de dar un salto atrás. Dentro de este análisis, que me concierne personalmente, el compañero –cuyo nombre no logramos recordar–, menciona mi eventual capacidad para detener el tiempo en algunos momentos puntuales, quedándose después en un silencio meditativo que se prolonga durante unos minutos. ¡Aquel chico era un tipo raro! –escucho decir a Elvira–, mientras esbozamos de nuevo nuestras sonrisas de condescendencia y nuestras expresiones de incredulidad de aquella lejana tarde universitaria. En ese momento empiezo a notar que una sensación de ingravidez, hasta entonces desconocida, me va envolviendo, en la que he dejado de percibir el ruido exterior, el movimiento y hasta el entorno en el que me encuentro, donde solo escucho nuestras voces jóvenes resurgiendo de ese remoto pasado en el que me encuentro inmersa.

Debía llevar ya mucho tiempo sentada allí, en la silla de la terraza de aquella calle tan conocida y a la vez tan extraña, con una sensación de laxitud que me impedía mover un solo músculo del cuerpo, mientras intentaba mentalmente recuperar la capacidad de movimiento. Me sentía aturdida, atrapada en un estado emocional desconocido que no sabía interpretar. Cuando finalmente pude levantarme, lo primero que pensé fue que ya tenía que ser muy tarde, que habrían tenido que transcurrir muchas horas, a pesar de que observaba con cierto asombro que aún no había oscurecido. Miré con inquietud mí reloj, al tiempo que comprendía atónita que, en efecto, el tiempo se había detenido para mí durante las horas en las que había dado un salto atrás y permanecido reviviendo ese otro tiempo, fuera de este, en esa tarde, tan distante de aquella otra en la que había tenido lugar el pronóstico de nuestro compañero.

Todavía podía percibir los rastros del afrutado olor de Elvira, cuando decidí emprender el camino de vuelta a casa. Comencé a caminar despacio, todavía con ligero aturdimiento, mientras recordaba y repetía mentalmente ese maravilloso poema de Octavio Paz que dice: "Dentro del tiempo hay otro tiempo quieto, sin horas ni peso, ni sombra, sin pasado o futuro, solo vivo".

FÁBULA DEL RELOJ

De entre todos los objetos creados por el hombre para una utilidad concreta, siento una predilección particular por aquel que tiene como finalidad medir el tiempo lineal que todos conocemos. Una necesidad que inicialmente se guiaba por el día, la noche y los ciclos de la luna.

El reloj solar indicaba los momentos del día por la sombra del sol, pero no servía en el amanecer o el crepúsculo, tampoco durante los días nublados, o en la noche.

Así comenzó su historia este objeto tan esencial para la vida humana, desde aquel reloj mecánico con movimiento rotatorio y regular, a partir de cuyos principios fue constante su evolución.

El reloj del que quiero hablaros pertenecía a una casta superior y ya muy evolucionada. Había sido confeccionado por manos expertas, con los mejores materiales, madera de roble y finos metales. El trazado de sus agujas era perfecto y su nítido cristal de forma circular, le permitía observar todo lo que le rodeaba. Su precisión era extrema y su belleza externa digna de todo elogio.

Sin embargo, hacía ya algún tiempo que al reloj le disgustaba su misión, porque se hallaba ligada a un elemento indescifrable y aterrador para el hombre: el Tiempo. Él era el encargado de marcar su medida, lo que a unos angustiaba, porque querían que fuera más deprisa cuando sus circunstancias eran adversas y a otros disgustaba también, los que, por el contrario, deseaban que se demorase infinitamente para poder disfrutar de su afortunada situación. Nadie estaba contento y, en general, advertir del paso del tiempo a quienes disponen de él de forma siempre limitada, no le resultaba nada agradable.

Sabía que hacía infelices a los que no querían que avanzase en su tarea y desgraciados a quienes esperaban con ansiedad que corriera más de lo debido. Pero los que más le preocupaban eran aquellos que se empeñaban en indagar la verdadera naturaleza del tiempo, porque eso era algo que escapaba por completo de su control. Las horas y los minutos que él marcaba no tenían el mismo alcance y contenido para todos, dilatándose en unos casos y reduciéndose considerablemente en otros, según las circunstancias y los planteamientos de cada cual. Esto era algo que sabía desde que comenzó su andadura, pero marcar la naturaleza de ese elemento, era un mecanismo que se le escapaba porque estaba fuera de sus posibilidades de actuación.

Había cambiado varias veces de dueños, pero en todos los lugares y épocas había experimentado desconcierto y desazón al ver los indeseables efectos que producía su misión, que, últimamente iban en clara progresión. Así las cosas y harto de tanto sufrimiento e incomprensión, decidió un buen día quedarse parado, inhibirse de la función para la que había sido creado y declinar toda su responsabilidad en el sufrimiento humano. Entonces, fue conducido por sus dueños a los mejores centros de reparación en los que incomprensiblemente para aquellos, nadie había logrado arreglarlo en contra de su voluntad.

Viendo que no había nada que hacer, sus actuales propietarios decidieron venderlo a un museo como pieza de exposición única, donde su belleza y antigüedad serían alabadas por todos los que podían contemplarlo. Pero su tristeza y desazón, lejos de disminuir aumentaba día tras día. Así transcurrió mucho tiempo, durante el que aquel reloj iba comprobando que su inactividad no le compensaba. Había renunciado a su misión y a su verdadera razón de ser para no producir sufrimiento, pero los humanos continuaban, cada vez más inmersos en ese sufrimiento, porque –ahora se daba cuenta–, el elemento inalterable al que su existencia iba unida –el tiempo–, seguía impertérrito su curso y el efecto de sus estragos continuaba sin posible detención.

Comprendió entonces la inutilidad de su renuncia que le había apartado de su camino y arrepentido de su anterior decisión comenzó de nuevo a contar las horas, los minutos, los segundos que se sucedían de forma inapelable. Se sintió por fin aliviado al proseguir su camino de acuerdo con lo que era: un reloj de precisión exacta y recuperó su orgullo de hacer lo que de él siempre se había esperado: marcar el imparable transcurso del tiempo, aunque su misión estuviera para siempre ligada a un elemento indescifrable y aterrador contra el que nada podía hacerse.

ECLIPSES DE SOL

Cecilio San Román se levantó apático aquel día. Aunque no era un hombre propenso a la melancolía, no dejaba de pensar en las desastrosas noticias que su oftalmólogo le había dado el día anterior sobre la alarmante pérdida de visión que desde hacía poco tiempo venía sufriendo. Pensaba que era una de las peores cosas que le podían ocurrir a alguien que había dedicado mucho tiempo de su vida a la lectura y que constituía uno de los escasos placeres que aún tenía. Se encontraba solo en su despacho aquella mañana de otoño meditando sobre su soldad y su casi inevitable ceguera cuando sonó el teléfono. Era Santamaría, el polémico astrofísico del que ya había oído hablar en algunas ocasiones, aunque no podía recordar si lo conocía personalmente. Su tono de voz inquieto, le solicitaba sus servicios para tratar de hallar el paradero de su hija adoptiva Elisa, una niña china de nueve años que había desaparecido el día anterior. Algo había leído ya San Román en los periódicos de la mañana mientras tomaba su café bien cargado y el asunto le había parecido extraño, por las circunstancias que, según se decía, habían rodeado su desaparición. Buscó la nota de prensa aparecida en el Faro de Vigo que decía:

"La mañana del día 3 de octubre de 2005, en una de las terrazas del número ocho de la calle de la Luz, se dispuso todo lo necesario para contemplar el eclipse de sol que tuvo lugar sobre las diez horas. Y según se ha podido saber a través de fuentes policiales, la hija de la familia que habita en el domicilio, llamada Elisa, de once años de edad, salió corriendo de la terraza mientras gritaba llorando que el eclipse no le había gustado. La familia no dio más importancia al suceso hasta que pasadas las ocho de la tarde, la pequeña no había regresado al hogar, como era habitual desde el colegio, cuyo escaso trayecto solía hacer sola. La policía se encuentra haciendo todos los trámites necesarios para tratar de localizar el paradero de la pequeña Elisa".

San Román llevaba ya muchos años de trabajo como detective privado a sus espaldas, en los que había tenido mucha rutina y algunos éxitos sonados. Había resuelto casos complicados y aunque no buscaba reconocimiento social, sí creía en su particular de ley de causalidad, según la cual, todo lo que se hace tiene sus consecuencias y lo que vivimos es, de alguna manera, el resultado de nuestras acciones. Pensaba que había puesto muchas buenas acciones en el platillo de la balanza cósmica para inclinarla a su favor y, sin embargo, ahora los resultados le eran muy desfavorables. La amenaza de una ceguera inminente para la que no estaba preparado ni podía entender en el contexto de sus propias creencias, le confundía y le entristecía aún más. Le había dicho a Santamaría que se ocuparía del asunto y ahora se encontraba abatido esperándole en su despacho mientras miraba la lluvia caer incesante tras los cristales del mirador de su despacho.

La visita del nuevo cliente no se hizo esperar. Santamaría era un hombre relativamente joven y bien parecido. Vestía completamente de negro y mostraba el comportamiento propio de quién se sabe reconocido. Resultaba afable y muy abierto, pero con una particularidad incómoda, que consistía en cerrar y abrir continuamente los ojos mientras hablaba, lo que al detective le desconcertaba en un hombre de gran trato social.

Daniel Santamaría le dijo que nunca había estado convencido de aquella adopción. Era hombre de presentimientos y algo en su interior le advertía en contra de la decisión. Sin embargo, –siguió–, él y su esposa habían agotado todas las posibilidades de tener descendencia y la insistencia de esta, para dar respuesta a sus anhelos maternales, le habían terminado por convencer. Adoptar a una niña china era fácil y así fue como Elisa vino a formar parte de su familia. Al principio todo fueron alegrías y proyectos, pero pronto advirtieron en la niña un cierto halo de pesar y melancolía que se iba haciendo más visible a medida que crecía.

Santamaría le expuso al detective los hechos con precisión, mostrándole una fotografía y el diario de la niña con las anotaciones recogidas días antes de su desaparición, que San Román leyó con mucha atención. El texto decía así:

Me llamo Elisa, tengo nueve años y vivo con mis padres Daniel y Ana, en una casa que dicen que es muy bonita, aunque a mí me parece como todas. Tiene una enorme terraza desde la que se ve toda la ciudad. Mis padres son muy buenos conmigo y me dan todos los caprichos que quiero, yo creo que es porque ven que no estoy contenta. Ellos me han dicho que siempre he vivido en esta casa, que tiene un bonito dormitorio para mi sola y mucha luz que entra por los grandes ventanales, pero a mí me parece ver cuando cierro los ojos otros paisajes distintos con personas vestidas de otra manera y con caras más parecidas a la mía.

Voy al colegio de San José y mis compañeras no dicen nada, aunque yo no sea igual que ellas, bueno, alguna sí que dice, porque mi rostro es diferente a los suyos. Tengo los ojos rasgados y mi pelo es lacio y negro como el azabache. También la forma de pensar y de hacer las cosas es distinta de la de ellas y por eso yo me siento lejana. Siempre me siento lejana.

Hace poco tiempo, una de las compañeras me ha dicho riéndose mucho, que yo no soy hija de mis padres y que ellos me trajeron aquí cuando yo era muy pequeña desde un lugar que está muy lejos, en el

Oriente, pero yo no he querido preguntar nada porque me da miedo lo que puedan decirme, aunque sé muy bien que no soy como ellos.

Lo que más me gusta es contemplar el cielo y las estrellas por la noche desde la terraza, porque ellas también están lejanas y suelo imaginar que en algún sitio de por ahí afuera está el lugar en el que yo nací, porque yo sé que no he nacido aquí y que es verdad lo que dicen en el cole.

Papá me ha dicho que el sol va iluminando todos los países de la tierra, que no desaparece por la noche y vuelve a salir por la mañana, como yo creía, sino que cuando aquí no lo veo es porque está iluminando otros lugares muy lejos de aquí, porque la tierra es redonda y va dando vueltas alrededor del sol. Yo creo que cuando no lo veo es porque está en aquel otro lugar donde he nacido y del que mis padres me han traído hasta aquí. Por las noches pienso que me gustaría ir volando como los pájaros, para ver cómo es aquel otro lugar que está iluminando el sol, para ver si es igual a como yo lo imagino y si las personas que viven allí son como yo. Esto que pienso solo se lo he contado a una persona, porque es un secreto y las chicas del colegio, si lo supieran, enseguida se lo contarían unas a otras y yo no quiero que se sepa mi secreto.

Papá es muy listo, y le gusta mucho contemplar el firmamento, como él lo llama. Tiene unos tubos largos para ver más de cerca todo lo que pasa en el cielo y me ha dicho que dentro de unos días vamos a ver un eclipse de sol, donde este queda oculto porque la luna se pone delante y todo se oscurece como si fuera de noche. Ha traído a casa unas gafas para que no les pase nada a los ojos cuando miremos al sol. Yo no lo entiendo muy bien, pero tengo muchas ganas de verlo, porque si el sol se oculta aquí, que es de día, pero hay luz en otro sitio, igual puedo ver el Oriente, que es el lugar del que yo vengo.

Después de algunos días, las investigaciones de San Román no habían dado resultados. Había llegado a buscar en la Hemeroteca otras posibles desapariciones en circunstancias parecidas, incluso relacionadas con eclipses y había conocido otro caso sucedido en Madrid, el caso de Eloísa de Todos los Santos, desaparecida también después de un eclipse de sol que había tenido lugar el 29/08/1905 y de cuyo paradero nunca más pudo saberse. La noticia encontrada en el periódico del día 31/08/1905, daba cuenta de la desaparición de una joven del colegio de La Paz de la calle Embajadores de Madrid, dirigido por las Religiosas de la Caridad, donde las internas, jóvenes huérfanas o abandonadas, residían y aprendían un oficio con el que poderse ganar la vida. Se ha sabido que la desaparecida Eloísa de Todos los Santos, tenía catorce años de edad ,e iba a abandonar el colegio al día siguiente para trabajar en un conocido taller de bordado de la calle Atocha de Madrid.

Cecilio San Román, como era habitual en él, continuó investigando y tuvo acceso al atestado policial en el que además del diario de la joven, constaban las declaraciones de algunas personas cercanas al suceso. Así, se dice por parte de alguna compañera, que Eloísa era una niña alegre y trabajadora, que estaba contenta en el colegio y también de poder ir a trabajar en el taller de bordado, pero que le daba mucha pena irse. Una vecina afirma que las internas eran jóvenes hacendosas que vivían sus días entre trabajos de limpieza, cultivo de hortalizas, cocina y costura. Su alboroto y sus risas eran sobradamente conocidas por la vecindad cuando hacían sus trabajos al aire libre. Que casi ninguna de las muchachas conocía sus orígenes y muy pocas estaban interesadas en indagar sobre ellos, dada la tranquilidad y el afecto con el que eran tratadas allí. Otra vecina comenta que ese día se respiraba en el colegio un ambiente festivo y bullicioso, que tenía su razón de ser, según había oído, en el eclipse de sol que iban a ver desde la azotea del edificio. El alborozo de aquel día estaba provocado por la posibilidad de presenciar un suceso tan especial como poco frecuente, que, ninguna de ellas se quería perder.

Sin embargo, el asombro del detective fue grande, cuando pudo leer partes del diario que Eloísa también escribía, por las coincidencias que presentaba con el de la niña recientemente desaparecida. Eloísa, al igual que Elisa, también tenía la misma costumbre de escribir un diario, en el que había hecho las siguientes anotaciones:

Me llamo Eloísa, "Elo" para quienes me aprecian y no he conocido más familia que las hermanas y compañeras de este lugar. Aquí he crecido sin ningún recuerdo de mi pasado fuera de esta casa, que es la mía. Soy alegre por naturaleza y agradezco todo lo bueno que pueda ocurrirme. De mi vida espero mucho y bueno y me siento afortunada de haber aprendido a leer y otras muchas cosas. Aquí me llaman "La japonesa" porque tengo los ojos rasgados y mi cabello es lacio y negro como el azabache. Soy muy poco resistente al frío y todos los inviernos me pongo enferma a causa de algún enfriamiento que me obliga a estar en cama algunos días. Durante ese tiempo aprovecho para leer todo lo que encuentro, vidas de santos y también historias antiguas que me trae Damián, el capellán del colegio, que me tiene mucho cariño, igual que yo a él. Parece muy serio y más porque siempre va vestido de negro, pero luego no lo es tanto y tiene muchas ocurrencias que me divierten. Pero lo que más me gusta es subir a la azotea las noches de verano para contemplar las estrellas y allí paso mucho tiempo hasta que me descubren y me obligan a bajar. Damián tiene la misma afición que yo y como es ya viejo, sabe muchas cosas del cielo. Me cuenta muchos secretos y también cómo se mueven los astros en el firmamento. Me ha prestado un libro de astronomía, que leo con alguna dificultad. Damián tiene muchos artilugios raros, como uno que le regaló un tío suyo, con el que se ven muchos más puntos luminosos en el cielo.

Acabo de cumplir catorce años y como soy muy hábil en el arte del bordado ya me han dicho que puedo entrar a trabajar en el taller de la calle Atocha, donde me darán techo, comida y algo de calderilla para mis gastos. No me asusta el cambio de vida porque me gusta bordar, pero sí dejar a las personas que conozco y aprecio, sobre todo a Damián. Dicen que los del taller son buena gente y que este trabajo es mejor que entrar a servir en una casa, como muchas otras compañeras que ya se han ido de aquí. Solo me quedan dos días, pero antes podré ver desde la azotea el eclipse de sol mañana, día 30 de agosto de 1905. Damián me ha hecho unas gafas para verlo a través de un cristal ahumado. Siento una emoción intensa al pensar en el suceso y poder ver cómo la luz del día se va debilitando en una palidez extraña y a la vez prometedora de una nueva luz más intensa en el cielo, igual que sucede en mi vida, que me obliga a seguir andando por un camino cuyo final ignoro, pero del que no deseo escapar. Mañana comienza para mí ese nuevo camino que adivino cargado de posibilidades y ventura.

Había extrañas coincidencias entre ambos casos y el hecho de que los anteriores no hubieran podido resolverse, le hacía sentirse pesimista respecto al suyo. La investigación policial tampoco había arrojado resultados positivos. San Román, muy desalentado, se dirigió al día siguiente al domicilio de su cliente, para darle cuenta del estado de la investigación y del hallazgo de otro suceso muy similar que le planteaba una posible relación de causalidad entre ambas desapariciones, por la coincidencia de algunos datos. Dos niñas con rasgos orientales; una adoptada, la otra huérfana, que desaparecen tras un eclipse de sol, habiendo dejado escrito un diario sobre su situación y su afición a los fenómenos celestes. Pero también había otra coincidencia de la que no pensaba hacer partícipe a su cliente. Esta, se la guardaba para él, porque algo indefinible aún, le hacía sentir cierta desconfianza hacia Santamaría. Instinto profesional, tal vez.

A Santamaría, no parecieron sorprenderle estas noticias, porque él mismo, le dijo, había indagado y llegado mucho más atrás en el tiempo, presentando al detective un tercer testimonio, el de Elvira de Guzmán, cuya historia se resumía así:

Esta fue la historia, sin final conocido, de Elvira de Guzmán, hermosa y extraña mujer que, como tal, vivió en la Salamanca del siglo XVIII. Era hija de una familia de libreros y aficionada a las letras, que pasó su vida leyendo encerrada en la tienda de sus padres. Parece que fue querida y respetada por todos cuantos la conocían, y aceptó que su amor por personaje tan famoso y controvertido como Don Diego de Torres Villarroel, el célebre Gran Piscator de Salamanca, no fuera correspondido, circunstancia que la avocó a una vida de lectura y aislamiento voluntario, hasta el día que presenció el suceso astral que ella misma relata y que tuvo lugar el primero de abril de 1764, a partir del cual, se perdió su rastro.

No se conoce si Elvira de Guzmán, también tenía un diario, pero sí que escribió un relato sobre ella y sobre el suceso presenciado antes de su desaparición. Esto es lo que, al parecer, escribió.

Me llamo Elvira y vivo en el barrio de los libreros de la ciudad de Salamanca, en la que he nacido en el día del Señor de 1734.

Dicen de mí que soy algo extraña, en ningún caso melancólica ni embustera, porque siendo mujer, me gusta estar entre los libros antes que salir a merodear por los ambientes de la ciudad. También porque llevo en mi rostro algún rasgo oriental, por mis ojos rasgados y mi cabello lacio y negro como el azabache. Ciertamente no me parezco a mis padres y algunos dicen bromeando que he llegado de un lugar lejano, pero yo no me siento lejana y amo el lugar y la familia en la que he nacido. Me gusta el oficio de librero de mi padre y la posibilidad de estar entre libros, olerlos y leerlos a placer durante todo el tiempo que puedo, sin tener que pedirlos prestados a nadie.

También me gustan los rasgos de mi rostro que me distinguen de los demás. Mis ojos son negros, la nariz chata y los labios gruesos. Tengo los dientes bien unidos y libres de sarro que otros muestran cuando sonríen y aunque soy de contextura pequeña, según dicen los entendidos, soy proporcionada y bien parecida.

Y aunque no descuido los quehaceres que me han sido encomendados por ser mujer, a ratos y a hurtadillas de mis padres, leo todo lo que puedo desde que a ello me enseñaron, igual que me educaron para amar a mis iguales y para tener temor y respeto a mis mayores y a Dios. He leído el Catecismo, el Kempis, el Padre Croset y a Santo Tomás, pero lo que más me gusta de todo es lo que escribe don Diego de Torres Villarroel, al que amo desde niña. Él también es hijo de libreros, pero tiene muchos más años que yo. Es muy famoso y muy listo, porque escribe Almanaques y Pronósticos de cosas que van a ocurrir y que después suceden, como cuando predijo la muerte del Rey Luis I el año en el que nací, y que, de forma azarosa y fortuita, sucedió el día 30 de agosto de 1724. Dicen de él que es un personaje peligroso y aventurero del que se habla mucho y mal en la ciudad, porque cuando estuvo en Portugal cometió muchas fechorías y ejerció los más variopintos oficios como bailarín, torero, alquimista o médico. A mí me impresiona tanta capacidad de cambio y adaptación y también su valentía para llevar vida tan pintoresca como la suya y si yo fuera varón haría igual que él. Pero no siempre se ha comportado igual, pues también ha sido catedrático de Matemáticas de la Universidad, e incluso presbítero, y tiene conocimientos de personas muy importantes en Madrid, donde, por desgracia, pasa mucho tiempo.

Aunque no me gusta contarlo, el primer día que estuve a solas con él en su casa y le sentí cerca, pude comprobar que no podría amar a ningún otro. El me trató con mucha deferencia, como corresponde hacer con la hija de un amigo del gremio, pero con la debida separación que imponen la edad, el sexo y la diferencia estamental. Yo le miraba muy fijamente. Tenía una frente muy despejada, los ojos azules, una nariz larga y labios todavía frescos, como los míos. Iba vestido de negro, con zapatos de hebilla; su figura es esbelta, de cortos y rápidos movimientos, que delatan su singularidad. Hablamos sobre sus pronósticos, a los que restó toda importancia, con una mirada irónica que comprendí al instante. Le pedí consejo para leer lo más importante de la época y me contestó que de la época en que vivimos había poco que mereciera la pena leer. Aquella tarde fue decisiva en mi vida. Desde entonces ya no dejé de pensar en él y cada vez que volvía a la ciudad, procuraba encontrarlo y hasta llegué a pedirle que me convirtiera en su ayudante para todo lo que pudiera necesitar. Pero don Diego no quiso, o no pudo hacerlo.

En casa se le respetaba por ser escritor, matemático y persona influyente, pero su mala fama, su desorden y desatinos no era lo que mis padres querían para mí, además de la diferencia de años que nos separaban. Pero no había que tener cuidado, porque Diego de Torres no mostró nunca interés por mí, ni por ninguna otra mujer que no fuera de altísima alcurnia y le brindara oportunidades de ascenso social, y, aun así, nunca se le conocieron amoríos con ninguna de ellas. Muchos chismes y chascarrillos tuve que oír hasta el día en que recibió el orden de presbítero a sus cincuenta años, a partir de la cual su vida debía estar presidida por la decencia, la moderación y la severidad que se supone a los eclesiásticos.

Ya me había resignado a una vida solitaria en la que primaban los tesoros hallados en la lectura y la armonía familiar, hasta que el pronóstico de un eclipse para el 1º de abril de 1764 volvió a prender una llama en mi pacífica vida. Yo leía todo lo que podía sobre astrología, materia en la que don Diego de Torres se hallaba sobradamente impuesto y poseía todos los conocimientos necesarios para calcular los principales acontecimientos celestes. Fue así como anunció que en el año bisiesto de 1764 tendría lugar un eclipse de sol, que enfocaría nuestra ciudad en la Península Ibérica, dentro de una franja que cruzaría el país de sureste a noreste. El eclipse, dijo, sería anular, en los que la Luna no llega a ocultar del todo el disco solar, dejando sin cubrir un estrecho anillo, y podría verse desde la recién construida Plaza Mayor de la ciudad.

Había vuelto la emoción a mi vida, ante la posibilidad de presenciar ese acontecimiento especial, pero también, porque la persona que lo había pronosticado se iba a encontrar allí.

Me había comprado un vestido nuevo por el que había pagado más de doce reales y así acudí inquieta el día previsto a la Plaza Mayor, que había finalizado sus obras de construcción en 1755, y que desde entonces se había convertido en el centro de encuentro dentro de la ciudad. Yo me coloqué en un lugar reservado para el gremio de libreros y volví el rostro hacia uno de los balcones de la plaza donde se encontraba asomado don Diego de Torres. Le saludé con la mano derecha mientras tomaba resuelta decisión de no volver a mirarle más.

La expectación allí era máxima, debido en parte a los imaginarios efectos atribuidos por el común de la gente a esta clase de fenómenos naturales, aun cuando el momento de su aparición estuviera ya anunciada y sus efectos fueran conocidos desde el tiempo de los mayas.

El eclipse comenzó a las diez menos cuarto de la mañana y terminó cinco minutos más tarde, con el diámetro de la Luna sobre el Sol durante más de cuatro minutos, en los que yo sentía cómo la luz iba disminuyendo paulatinamente, pero de forma muy distinta a como sucede durante un atardecer. La luz se difuminaba y el entorno adquiría una tonalidad gris metálica; parecían surgir ondulaciones luminosas en la superficie plana del suelo, al tiempo que disminuía la temperatura y aparecía un viento de alguna intensidad fluyendo en dirección ascendente.

Yo permanecía absorta en la contemplación de aquel espectáculo y hasta me pareció hallarme sola en medio de la muchedumbre que abarrotaba la plaza. Hubo un instante, en el que me encontré en otro mundo fuera de este, que no podía concretar, pero donde sentía una extraña afinidad con el fenómeno que se estaba produciendo allá arriba, en el espacio. Y a la vez, mientras todo eso sucedía, tomaba conciencia de que ese fenómeno volvería a producirse de forma semejante, más allá de mi propio tiempo, en otra época aún lejana. Y desde ese momento deseé intensamente contemplarlo otra vez, en otro mundo con más posibilidades de acción.

Salí de la plaza algo trastornada, sin querer hablar con nadie y me puse a caminar y a pensar, y seguí caminando hasta llegar a mi casa y después de escribir lo que había presenciado voy a salir de nuevo a la calle para seguir caminando sin parar…

Este es el relato que se encontró en casa de Elvira de Guzmán, cuya misteriosa desaparición aquel año de 1764 removió los cimientos de la ciudad. Nadie daba crédito al suceso ocurrido a persona tan juiciosa y ya entrada en edad. Se rastrearon calles, caminos, aldeas y pueblos circundantes, sin que nadie pudiera dar noticia de su posible paradero.

Su familia y algunos estamentos de la ciudad acudieron entonces al polémico don Diego de Torres Villarroel para que, como Gran Piscator de Salamanca, ejerciera todas sus dotes de adivino para hallar el lugar donde se encontrara la desaparecida. Pero este, perfectamente acomodado en las dependencias de la casa de la Duquesa de Alba, donde llevaba una vida dedicada a su producción literaria, no quiso involucrarse en un asunto de imprevisibles consecuencias.

Cuando el detective, visiblemente afectado, salió de la casa de Santamaría, tenía ya una clara convicción de que el asunto en el que se había visto involucrado tampoco iba a poder esclarecerse, porque hay ocasiones –y él lo sabía bien–, en las que intervienen fuerzas poderosas que se oponen a ello; fuerzas y arquetipos que se repiten en el tiempo con una similitud asombrosa, donde todo tiene su causa y su efecto. Pensó en el posible origen y características de las tres jóvenes protagonistas de los sucesos, en el papel desempeñado por los tres hombres de confianza en sus vidas, todos con conocimientos en la ciencia de la astrología y en la oscuridad que rodea ciertos sucesos que nunca llegamos a conocer, igual que la progresiva oscuridad que iba aproximándose a sus ojos hasta apoderarse por completo de ellos.

En contra de sus costumbres, caminó durante varias horas por las calles de la ciudad, tratando de encajar todas las piezas del puzle que tenía en su cabeza, mientras la luz de la tarde comenzaba a declinar hasta que terminó por desaparecer. Alguna que otra ráfaga luminosa de color anaranjado permanecía aún perezosa en el cielo, lo que interpretó como signo de una vana esperanza porque, al igual que las otras ráfagas luminosas, muy pronto iba también a desaparecer. Se dio cuenta entonces de que estaba agotado y volvió a su casa cuando ya era noche oscura. Algunos recortes de periódicos seguían esparcidos por el escritorio. San Román cogió uno de ellos y cuando intentó leerlo comprobó de qué manera tan precisa y cruel la luz de sus ojos también se iba progresivamente apagando, hasta que un día ya no muy lejano, le dejara también a él en la más completa oscuridad.

EL HOMBRE ETERNO

Cuando le conocí no podía siquiera sospechar el misterio que encerraba su vida. Un profundo misterio que envolvía el concepto Tiempo, sobre el que yo había ido indagando una y otra vez sin poder alcanzar evidencias concluyentes. Sabía que nuestra visión y nuestra medida del tiempo no abarcaba ese concepto tan resbaladizo y que tampoco la idea de una existencia temporal tal y como la conocemos, indisolublemente unida a nuestra concreta entidad biológica, explicaba toda su esencia. Pero las evidencias de un entorno vital y social que carecía de fisuras, habían logrado convencerme de la inutilidad de mayores intentos de indagación al respecto. Todo era en efecto tal y como aparecía ante mis ojos, acostumbrados a mirar y a reconocer solo aquello que se quiere y se debe ver, es decir, un tiempo que para nosotros está marcado por los límites del nacimiento y la muerte. Y en medio de este recorrido, momentos de un presente continuo y un pasado para recordar, o un futuro incierto para imaginar, al que esa muerte irreversible ponía el punto final.

Sabía también de la existencia de un pasado histórico vivido por otros, reconstruido con relatos de sucesos y comportamientos humanos a lo largo del tiempo que resultaban fiables y ciertos por las fuentes que los avalaban. Y también, que existía un tiempo futuro, siempre incierto y sujeto a especulación.

Pero más allá de estas simples premisas, surgía el desconocimiento más absoluto acerca del comportamiento del tiempo en su devenir y en su transcurso; incluso sobre el hecho de si ese transcurrir era real o ficticio y todo podría suceder en una misma unidad de tiempo. Escenas del presente que recordaba haberlas vivido con anterioridad, pero en otro contexto distinto; o, historias familiares transmitidas a través de unos datos que no resultaban acordes al momento en el que la historia debería haber tenido lugar. La confusión aparente entre las vivencias y los momentos temporales en los que estas se producían había sido una constante en la observación que, al respecto, había podido realizar en muchas ocasiones.

Le conocí en Valladolid, un día tórrido del mes de julio, durante el transcurso de una cena que ofrecía su Universidad como colofón de un encuentro de verano organizado en torno a un tema sugerente: El latido de la ilusión. Se cerraba así un ciclo de conferencias y actuaciones musicales que, sobre esa cuestión, habían tenido lugar en los jardines del Colegio de Santa Cruz. El encuentro había resultado desigual en cuanto al nivel de sus intervenciones, pero me había deparado también momentos de intensa emoción, cuyo recuerdo quería guardar en mi memoria como instantes placenteros, de esos que nos rescatan en los periodos más turbios de la existencia. Quería por tanto disfrutar de una cena agradable en aquél magnífico entorno que era el patio renacentista del Colegio, sin intromisiones ajenas que pudieran arruinar tal posibilidad.

Las mesas circulares se hallaban primorosamente dispuestas para la cena en el patio central del Colegio, un espacio bordeado por arcos circulares con la cruz de Jerusalén —emblema del Colegio—, que aparecía grabada en la parte más alta de cada uno de ellos, y un enorme reloj mecánico situado en uno de sus laterales que presidía la escena y que llamó mi atención desde el primer momento en el que lo vi.

La elección de la mesa en la que debíamos sentarnos era importante para mí, pero mi acompañante no terminaba de abandonar la idea de seguir de comparsa a la diva, lo que nos conduciría a una peligrosa situación no deseada por mí, en la que todo iba a girar en torno a ella, en detrimento de una posible experiencia personal más libre y sorpresiva. De manera que, en un arranque de decisión, poco usual en mi comportamiento, me acerqué de manera casi inconsciente a aquella mesa, que se hallaba ocupada en algo más de la mitad de sus asientos, y pregunté a sus integrantes si podíamos sentarnos allí. Una acogedora y cálida respuesta, por parte de quien parecía dominar el grupo, me convenció de inmediato de lo acertado de mi elección y empujando discretamente a mi acompañante junto a una de las sillas vacías al lado de quien me había respondido con tanta cortesía, nos sentamos para disfrutar de una cena especial.

Muchas veces he pensado en las causas que motivan determinados impulsos que nos llevan a tomar decisiones momentáneas, que nos acercan o nos alejan de nuestros objetivos; en las pulsiones que nos empujan en una determinada dirección; y, también, en la cuestión acerca de si esas decisiones son solo fruto de la casualidad, o intervienen en ellas otras fuerzas extrañas que desconocemos. Por eso, mi primera reacción fue la de reconocimiento por esa capacidad de decisión que no me es propia. La segunda, de agradecimiento a eso que yo llamo coyuntura favorable, que me iba a permitir –ya lo intuía desde el principio– conocer a un personaje de excepción.

La magnética voz que me había respondido pertenecía a un hombre de edad madura e indudable atractivo físico; de exquisita cortesía y gran elegancia en sus ademanes, probablemente adquirida con el paso del tiempo. Unos expresivos ojos grises y una sonrisa turbadora acompañaban a una rica forma de expresión que componía una imagen fascinante. Su actitud revelaba una conciencia de hallarse satisfecho con su situación y su mundo, en los que el azar, o tal vez su afán por conseguirlos, le habían colocado. Eso era lo que reflejaba su semblante, una perfecta y esmerada adecuación al entorno de su lugar y de su tiempo. La disposición de sus abundantes cabellos semi largos cayendo sobre la frente y una indumentaria aparentemente cuidada, aunque sin excesos, terminaba de componer esa imagen de excepcionalidad que solo algunos, muy pocos, hombres poseen. Sin embargo, su gran poder de atracción surgiría, más tarde lo supe, de otras características internas que se iban revelando a medida que se expresaba con gestos, palabras y actitudes que dejaban entrever una personalidad extraordinariamente rica y misteriosa.

Nada más sentarme, él me identificó como la responsable de la pregunta que había dirigido a la diva en la última intervención de la tarde, sobre la significativa ausencia de jóvenes en un evento que parecía estar diseñado para ellos. Ella, convino conmigo en algunas de las hipótesis formuladas al respecto, formulando, a su vez, otras posibilidades. Pero la cuestión planteada por mí, no pareció del agrado de uno de los organizadores del evento, que intervino con afirmaciones, a mí juicio poco acertadas, del tipo de "los jóvenes están donde desean estar", con un cierto matiz de reproche e incomodidad hacia mí que yo no entendí del todo. El personaje que había llamado mi atención, me expresó su total acuerdo en el planteamiento del interrogante que yo había formulado, discrepando rotundamente de la posición mantenida por sus compañeros de universidad organizadores del evento, en el que él también había participado. No había duda de que se trataba de alguien con mucha autonomía y exquisita personalidad, que sabía estar y comportarse de la manera más adecuada. Parecía un discreto hombre de mundo, conocedor de muchas situaciones y reacciones humanas, que observaba con atención todo lo que ocurría a su alrededor.

—Ellos, –dijo él a continuación, señalando a los otros asistentes sentados a la mesa– son el grupo de profesores de arquitectura y cine, responsables del montaje del escenario para el encuentro. El arquitecto de mayor edad, era un hombre tímido y poco hablador, que solo se animaba a participar en la conversación cuando se le tocaba alguna fibra sensible. Los más jóvenes, un chico y dos chicas, alegres y divertidos, escuchaban siempre con mucha atención y gran reconocimiento al que sin duda era el alma del grupo, y este, por su parte, les dispensaba un trato cercano, sin un ápice de condescendencia con esos colegas más jóvenes. Después, ocuparon los restantes lugares libres de la mesa, una bióloga joven, de aspecto andrógino, que se sentó a mi lado; una historiadora de Burgos, de aspecto muy académico y una jovencísima estudiante chilena –una excepción a la tónica general de asistentes–, con visibles muestras de atrevimiento e imprudencia en su comportamiento, que más tarde, se confirmarían en otra desafortunada y provocadora intervención que incomodó a los comensales. Pero el conjunto resultaba atrayente y las características del personaje de mi interés –el arquitecto Adael–, prometían una velada muy agradable.

La cena fue exquisita. Platos elaborados con recetas del tiempo de los Reyes Católicos, precedidos por las oportunas explicaciones previas a la degustación de cada uno de los platos, acerca de los ingredientes utilizados y su correspondiente elaboración siguiendo las reglas de aquellos tiempos. Se sirvieron frutas al comienzo; escabeches variados, quesos con aceitunas y dulces de miel a los postres. Todo ello acompañado de una cuidada presentación y unos excelentes vinos de la Rivera del Duero componían una cena de especial encanto en su degustación.

Tras breves presentaciones, la conversación giraba en torno al contenido del evento que compartíamos, pero, sobre todo, en torno a la ciudad de Valladolid. Se expusieron algunas opiniones sobre los ponentes que habían intervenido; sobre algunos momentos de tensa discusión entre ellos y sobre algún que otro comportamiento que resultaba inadmisible por parte de alguien que, a pesar de su enorme prestigio social, no supo, sin embargo, o no quiso, estar a la altura que las circunstancias exigían. Se habló del magnífico edificio histórico del Colegio Santa Cruz, en cuyo espléndido patio estaba teniendo lugar la cena, de su pasado glorioso y de su presente; y, también, de la historia reciente del enorme reloj situado en uno de sus laterales, del que el profesor Adael parecía saberlo todo.

Se habló del tiempo en el que Valladolid fue capital del Imperio; de las supuestas razones que pudieran llevar a Felipe II a trasladar la capitalidad a Madrid y de los inconvenientes que ahora tendría la ciudad, de haber continuado siendo la capital de España. En este punto, debo decir que las intervenciones del profesor Adael me resultaban en ocasiones muy chocantes por su forma de expresión, que denotaba ese grado de certeza y seguridad que solo da el conocimiento de quien ha vivido esos tiempos pasados de los que habla, sin que tal hecho pareciera ser advertido por ninguno de los demás asistentes. En una ocasión, me pareció escuchar de su boca una vaga referencia a un suceso acaecido en el año 1606, en una Valladolid todavía capital del Imperio, y advertir en su relato cierta confusión en los tiempos verbales utilizados, –hablaba en presente– que igualmente, pasó desapercibida.

A medida que escuchaba su voz sosegada de hombre noble, valiente y culto, conocedor de un pasado que parecía asumir como propio, sentía que su imagen, aunque perfectamente adaptada al mundo de hoy, encajaba perfectamente con la de un caballero medieval, un jinete vestido de hierro que cabalga a través de bosques oscuros y avanza entre árboles, pantanos y vestigios ignotos; y, al mismo tiempo, veía en él a otro hombre, muchos siglos después, vestido con traje y corbata, caminar por una calle de su ciudad, rodeado de edificios de cemento, alguno de los cuales había hecho construir él mismo, en un mundo tabulado, en el que se alza la civilización con todos sus reclamos en parte ya gastados. Sin embargo, la llama interior que sostenía a ambos hombres era la misma, igual que son los mismos los misterios que proceden de la noche de los tiempos.

Fue entonces cuando tuve la certeza de que Adael poseía las cualidades del Hombre Eterno.

Cuando, después de un momento de divagación, regresé de estos pensamientos, advertí que la mención hecha al Imperio Español había dado paso en la conversación general a una desafortunada intervención de la joven chilena, que abogaba abiertamente en favor de una necesaria y debida excusa –en su opinión–, hacia Hispanoamérica, por parte de las altas instancias de la España de hoy, por los excesos cometidos por la España de ayer, es decir, por la España Imperial.

Las respuestas no se hicieron esperar y aunque nadie coincidía en esa opinión, las réplicas fueron, sin embargo, muy comedidas e indulgentes con la joven chilena, porque todas, se expresaron sin acritud, e incluso, con una velada carga de culpabilidad en torno a lo que supuso la acción del Imperio Español en Hispanoamérica. Solo yo discrepaba con rotundidad de la opinión de la joven chilena, con argumentos que solo cabía esbozar brevemente y sin entrar en una discusión de fondo que hubiera precisado de mucho tiempo. Fue entonces cuando me pareció ver en la respuesta que, con toda amabilidad y cortesía, pero de forma desembarazada y firme le daba Adael, una confirmación de la sospecha que momentos antes yo había tenido, porque aquel hombre se expresaba como si hubiera presenciado los hechos históricos a los que se refería. Le dijo que los acontecimientos históricos debían ser tratados y juzgados dentro del tiempo y en el contexto en el que tienen lugar. Dijo, que en el siglo XVI se había producido en España un hecho insólito y único en aquel tiempo, como fue que se discutiera públicamente acerca de la legitimidad moral y legal de la conquista española en América, y que esto, se había hecho precisamente en la ciudad de Valladolid. Contó que, cuando las noticias que iban llegando de las Indias daban lugar a todo tipo de interpretaciones y especulaciones acerca de lo que allí estaba sucediendo, el Emperador Carlos I quiso conocer el estado de la cuestión, a cuyo fin se formó una comisión de expertos, juristas y teólogos con información de primera mano para elaborar un análisis, unas conclusiones y unos consejos que habían sido solicitados por el propio Emperador. Que él había tenido acceso a toda esa documentación de la época y que en el conjunto global de lo que allí se describía, tenían mayor peso los efectos positivos que los negativos de la conquista. Que había leído la Brevísima de Fray Bartolomé de las Casas, que, como sabía, era la piedra angular en la que se asentaba la postura que ella mantenía, pero que se había demostrado que su contenido estaba plagado de errores y falsedades, no siempre involuntarios. Dejó traslucir, o eso me pareció a mí, su presencia en la célebre Controversia que tuvo lugar en la Valladolid en 1551, en el Colegio San Gregorio, y en el enfrentamiento entre Bartolomé de las Casas y Ginés de Sepúlveda. Explicó con claridad cómo la posición del primero, que negaba la legitimidad de la Corona para la conquista de América, esgrimía argumentos de difícil comprensión incluso para aquella época, como por ejemplo la justificación del canibalismo o los sacrificios humanos indígenas, asimilándolos a lo que sucede durante la misa, porque los indios no eran capaces de comulgar metafóricamente con su dios. También explicó cómo en la Brevísima, su autor mantenía la legitimidad de una actitud desigual entre los indios y los negros, porque estos últimos eran seres sin alma, que por tanto podían servir para cualquier cosa. Mientras tanto, Ginés de Sepúlveda consideraba legítima la conquista, en base al deber que tienen los hombres que se encuentran en un nivel de civilización superior de asumir la tutela de los pueblos cuyo estado de barbarie les conduce a acciones tan violentas como el canibalismo o los sacrificios humanos, siempre que esta misión se haga con respeto a los derechos tanto de los indígenas como de los negros, todos ellos, seres humanos.

Estábamos ya finalizando la cena y yo no alcanzaba a comprender que nadie diera signos de extrañeza o estupor ante la forma en la que se manifestaba el arquitecto cuando hablaba. Los colegas de Adael le escuchaban atentamente sin inmutarse y otros de los asistentes hablaban entre sí, probablemente distraídos en otras cuestiones ajenas. Solo la chilena escuchaba con una sonrisa mitad insolente, mitad incrédula, mientras que yo no salía de mi asombro ante la profusión de detalles con que el arquitecto explicaba, por ejemplo, el revuelo que algunas opiniones habían suscitado en la Valladolid del siglo XVI, o las conclusiones que varios estudiosos de la época habían dado en respuesta a la petición de Carlos I. Parecía como si él, en efecto hubiera vivido aquellos acontecimientos en su tiempo.

Ya comenzaba a levantarse la gente de las mesas cercanas cuando mi acompañante me dijo que quería despedirse de la diva y se alejó en dirección a la mesa en la que ésta se encontraba. Algunos de los comensales se despidieron amablemente mientras yo permanecía sentada escuchando las deslumbrantes historias de un personaje tan peculiar, quien advirtiendo mi interés por lo que contaba, me invitó con simpatía a dar un paseo por la ciudad, si es que no tenía otra cosa mejor que hacer que escuchar sus historias.

Aquella insospechada coyuntura me sirvió de estímulo para rescatar recuerdos y emociones que de alguna manera habían hecho más feliz mi infancia cuando, siendo una niña, visitaba Valladolid en compañía de mi abuelo. Después, la ciudad desapareció de mi vida e incluso de mi memoria durante muchos años. Y ahora, la había recuperado más viva y bella de lo que había imaginado cuando decidí acudir a ese encuentro de verano de su universidad.

Paseamos la ciudad anochecida durante varias horas, en las que la realidad iba adquiriendo para mí unos tintes fantásticos. Él, hablaba sin descanso, como si la única oportunidad de hacerlo se le fuera a escapar de las manos. Me enseñó algunos edificios nuevos, cuya construcción había dirigido personalmente y otros antiguos que había remodelado. Se le notaba satisfecho de su trabajo y de su vida en general.

Estábamos en la Plaza Mayor cuando me hizo una confidencia difícil de asumir. Amaba a su ciudad no solo por lo que representaba para él en el momento presente, sino también por otros momentos anteriores que no solo recordaba, si no que cuando lo hacía, los sentía igual que los de hoy. Solo recordaba escenas y episodios aislados, pero con mucha nitidez. Había viajado mucho desde muy joven. Había realizado estudios en otros países y había impartido clases y conferencias en muchos otros, pero solo se sentía él mismo en su ciudad, de la que ya no quería moverse en los años que le restaran de esta vida, para tratar de recuperar en lo posible los recuerdos y las vivencias pasadas que guardaba en su memoria, que sabía, solo iban a aparecer en los lugares donde supuestamente se produjeron.

Adael me iba describiendo escenas en las que era consciente de estar luchando por la conquista de algunos territorios castellano-leoneses, explicando con precisión y nitidez, el sabor de las derrotas que le habían llevado, junto con Ansúrez, al exilio en la taifa de Toledo, de la que solo tiene recuerdos borrosos. Él creía provenir de la tierra de Simancas y no recordaba a su familia, pero sí la casa en la que vivía, cerca del río, que dibujaba con precisión, al igual que los rasgos físicos de Ansúrez, del que creía tener su amistad y confianza.

Nos hallábamos delante de la estatua del Conde Ansúrez que preside la Plaza Mayor, cuando me contó –con matices entremezclados de historia y vivencia–, que el rey Alfonso VI de Castilla y León tenía una excelente relación de amistad con Pedro Ansúrez, supuesto fundador de Valladolid, –aunque según él esto no era en modo alguno cierto–, al que conocía desde la infancia y en el que confiaba plenamente, a diferencia de lo que ocurría con Rodrigo Díaz de Vivar, quien, al parecer, iba más por libre. El Rey Alfonso había encomendado a Ansúrez la tarea de repoblar Valladolid –que ya existía como tal–, y este lo había llevado a cabo con eficiencia, lo que le supuso la obtención del Señorío de Valladolid en 1072; y a partir ahí fundó la Colegiata de Santa María la Mayor y Santa María de la Antigua.

Recuerda especialmente algunos objetos que ve una y otra vez, como el reloj mecánico que yo había visto en el patio del Colegio de Santa Cruz, o la armadura y los medallones que, de alguna manera, habían sido suyos alguna vez. También reconocía las voces de quienes estuvieron junto a él en aquellos lugares, que en algunos momentos no le parecían tan lejanos en el tiempo.

Me llamaba la atención que cuando pronunciaba el nombre de algunas calles de la Valladolid actual, inmediatamente decía el nombre que tuvieron anteriormente. Caminábamos por la calle Platerías, que antes era la de La Costanilla cuando allí, dijo, se originó un incendio que tuvo lugar en la madrugada del 21 de septiembre de 1561 que destruyó gran parte de la ciudad. El fuerte viento que soplaba hizo que el fuego se extendiera muy pronto y destruyera todas las casas que encontraba a su paso. En un instante la expresión de su rostro había cambiado. Ahora aparecía más dura y distante. Evocaba, ya sin ningún tipo de reparo o pudor, su participación en la lucha contra el incendio; la multitud de personas que se volcaban en un mismo combate; los gritos de desesperación y el llanto de los niños; los olores de la combustión y de las ropas quemadas; la confusión en el modo de proceder a medida que el fuego se extendía por calles y plazas. Adaél se iba alejando progresivamente de mí, del lugar y del tiempo real, perdido en sus recuerdos. Permanecimos en silencio durante algún tiempo y, finalmente, me dijo que tenía la certeza de no haber vuelto de aquella noche de incendio.

Otra de sus vivencias más nítidas, me dijo, tuvo lugar en el Castillo de Fuensaldaña, que se encontraba a muy poca distancia de la ciudad y si yo no lo conocía, le gustaría enseñármelo. Al parecer, habían hecho una magnífica obra de remodelación, primero para adaptarlo como sede de las Cortes de Castilla y León y después como Centro de Interpretación de los numerosos castillos existentes en la provincia de Valladolid, donde se producía una perfecta convivencia entre el histórico pasado y el presente tecnológico. Inmediatamente le dije que sí y quedamos en visitarlo a la mañana siguiente.

Era muy temprano y no había nadie a aquella hora de la mañana cuando comenzamos a realizar en solitario la visita del Castillo. Un halo de misterio me invadía en aquel entorno en el que nos encontrábamos. Él comenzó a hablar sosegadamente… mientras mi presencia, con la capacidad sensorial intacta, iba siendo transportada a otros momentos de la historia ocurridos en el mismo lugar.

EN EL CASTILLO DE FUENSALDAÑA TRAS LAS BODAS REALES 1469

Se sabía que los Reyes Católicos iban a recluirse allí por unos pocos días, después de su boda en el Palacio Vivero. El trajín de los últimos meses antes de la celebración católica, con bula falsa y sin bendición papal, les había dejado las fuerzas muy mermadas y creían tener merecido aquel breve descanso.

Era mucha la gente que había ocupado ya la escalera, la casa y el huerto de del Palacio Vivero para ver el traje de doña Isabel, un magnífico brial de brocado en plata y oro; y también, el manto de don Fernando, bordado por su madre la reina doña Juana Enríquez. Todas las casas nobles de la ciudad habían estado presentes en las bodas principescas y todos los vecinos de Valladolid habían participado en las fiestas que, con tal motivo, celebró el Concejo.

Los Reyes se trasladaron al Castillo en un atardecer de otoño, acompañados de un pequeño séquito de sus más fieles señores, entre los que se encontraba Adael Enríquez de Castilla. La gentil figura del jinete, asentada sobre su hermoso caballo que galopaba con brío, destacaba a la tenue luz del atardecer de la meseta castellana, bajo la aparición de las más precoces estrellas, que competían entre sí por ser las primeras en dejarse ver. El jinete se sentía en plenitud, sabiéndose hombre de su lugar y de su tiempo, conocedor de la misión que debía cumplir preservando la vida y el descanso de sus Reyes durante el tiempo que estuvieran allí. Y lo hacía con gran disposición y agrado. Conocía bien el Castillo, no en vano había pasado algunas temporadas cerca de Fuensaldaña y aunque no había sido construido como fortaleza de defensa, el Castillo tenía las condiciones necesarias para garantizar una estancia real acogedora y sin enojosos imprevistos.

Soldados y servidores se encontraban ya en Fuensaldaña desde hacía algunas horas, disponiendo todo lo necesario para una visita tan especial. La vigilancia desde la gran Torre del Homenaje, que había sido ocupada por algunos soldados encargados de avistar los alrededores, estaba asegurada. Las estancias interiores habían sido cuidadosamente aseadas y adornadas para la ocasión. Los lacayos habían sido convenientemente aleccionados en el trato y comportamiento que debían mantener durante la visita real y los cocineros disponían ya de toda la materia prima necesaria para confeccionar los platos que iban a servirse en tan especial ocasión.

Los Reyes alcanzaban ya las proximidades del Castillo, atravesaron el puente levadizo y penetraron en su interior. La edificación, en forma de U, alrededor del patio porticado de armas, se componía de varios pisos interiores comunicados por una escalera de caracol que llegaba hasta una terraza almenada con cuatro garitas en sus esquinas, que se prolongaban hasta el suelo en cuatro finas torretas. Las estancias abovedadas, provistas de ventanas con rejas, estaban adornadas con yeserías, artesonados y pinturas. Todo había sido dispuesto allí con gran decoro y esmero. Un gran fuego en la chimenea de la estancia principal y enormes candeleros con velas por todas partes, daban una agradable luz y proporcionaban un ambiente acogedor.

Los Reyes se acomodaban ya en sus habitaciones, mientras que algunos de los señores aguardaban su comparecencia en una de las estancias contiguas a la principal. Cuando Adaél penetró en la penumbra de la estancia sintió una sensación de profunda satisfacción y bienestar. Amaba el castillo y sentía el orgullo de encontrarse allí en aquel día y a aquella hora. Atravesó despacio la estancia hasta el fondo y se detuvo delante de un enorme reloj mecánico que descansaba sobre un gran pedestal de madera. Le gustaban aquellos artilugios circulares con los números romanos grabados a su alrededor y sus gruesas agujas negras recorriendo la esfera dorada de manera mecánica y precisa gracias al complejo mecanismo de sus ruedas de hierro dentadas. Pensó entonces en lo misterioso del tiempo, que transcurría de manera inexorable, marcado por el movimiento sistemático de aquellas manecillas que separaban el tiempo ya pasado del presente y del que aún estaba por llegar. Sentía una atracción especial por aquel objeto y por la idea que representaba. Así, se hallaba perdido en sus pensamientos cuando una mano le tocó desde atrás con mucho cuidado en el hombro derecho y escuchó la voz de su Rey Fernando interrogándole:

—¿Queréis honrar nuestra mesa esta noche?

Y él contestó que nada le haría más dichoso que acompañar a sus Reyes.

Había dos mesas grandes dispuestas para la cena y Adael ocupó un lugar en un extremo de aquella en la que se sentaron los Reyes, junto a otros nobles caballeros a los que ya conocía. El ambiente era distendido dentro de la formalidad que entrañaba la ocasión y la cena, servida con esmero, se componía de naranjas amargas y limones con miel; escabeche de pescado y dulces rellenos de queso. El vino, servido con moderación y en escasas cantidades, hizo que la conversación y el ambiente en general se mantuviera calmado y sin excesos.

Tras el descanso de las bodas reales, doña Isabel y don Fernando partieron para Tordesillas, mientras Adael cabalgó durante varias horas perdiéndose por los campos de Castilla.

Nunca pudo apreciarse en el caballero signo equívoco alguno de su virilidad ni de su fuerza; tampoco de la firmeza de sus convicciones, a las que siempre fue fiel, viviendo y luchando con dignidad y decoro. Supo superar las barreras del tiempo y reconstruir las raíces del hombre que fue y que es. Encontró ese eslabón que une la modernidad con la tradición simbólica y con los orígenes mismos de una conciencia, religándose al pasado y a la esencia constante de su historia.

Por eso Adael, es el hombre eterno.

UNA LECTURA DE TESIS PARTICULAR

¡Hoy es mi día! –me dije–, cuando el primer rayo de luz entró por la ventana de mi dormitorio, cuya persiana había dejado subida del todo la noche anterior, para que la luz de la mañana me despertara. Era una luz ya algo dorada incluso a esa hora temprana, un reflejo de la piedra que sustenta los edificios históricos y algunas de las casas señoriales de mi ciudad natal. Una luz que no se repite en ningún otro lugar de los que conozco y que es seña de identidad de esta hermosa ciudad.

No estaba nerviosa, ni sentía intranquilidad por lo que pudiera suceder durante aquél esperado día que aparecía señalado en rojo en mi agenda, no por temor a un imposible olvido, sino para resaltar la trascendencia de aquella fecha.

De forma inconsciente, mi mente repasaba los pasajes más resbaladizos de mi exposición y las posibles respuestas que yo podía dar a supuestas preguntas que me pudieran formular sobre el tema que había estudiado durante los últimos tres años de mi vida: "La enfermedad mental como circunstancia modificativa de la capacidad". Es decir, lo que un declarado enfermo mental puede o no hacer legalmente hablando.

Con bastante frío en el cuerpo fui hasta la ducha y dejé correr sobre mi cuerpo el chorro de agua caliente, hasta sentir esa calidez que me iba a permitir enfrentarme a una jornada especial. Un café hirviendo y la miel sobre el pan tostado hicieron el resto para subirme el tono que corresponde a una protagonista pletórica durante aquella jornada irrepetible.

Andaba a paso ligero camino de la universidad provinciana, bajo esa luz dorada que desde niña había identificado como mi propia luz, observando todos sus reflejos sobre los edificios que bordeaban a los lados de la magnífica calle que conduce a la Facultad de Derecho y que también alumbraban mi propio rostro, que suponía tan iluminada y dorada como esos destellos que se expandían, casi cegándome, a mí alrededor. Era un día radiante de mediados del mes de mayo, cuya claridad resaltaba también el color de mi vestido anaranjado dándole una tonalidad más intensa.

Subí las escaleras de la entrada a la facultad bajo la mirada de complicidad que me dirigía Gabriel el conserje, al tiempo que me deseaba suerte con un gesto de victoria que yo aprecié como de sincero reconocimiento. Sentía un afecto especial por ese hombre joven de aspecto delicado y formas extrañas que no se correspondían con las usuales. Me había fijado en él por su aspecto físico tan particular, que hacía honor a su nombre de arcángel, pero también por la forma de expresarse, por la dulzura de su voz, tan extrañamente sugestivas cuando se hablaba con él. Parecía saber cosas que la mayoría ignora y adivinaba fácilmente el estado de ánimo de alguien solo por la forma de dirigirse a él. El conserje, pasaba claramente inadvertido para la mayoría de la gente, puesto que nadie reparaba ni hablaba de él. Sin embargo, para mí era alguien especial en el contexto de ese lugar y ese tiempo, cuyo rostro me gustaba encontrar a diario cuando cruzaba el vestíbulo y nos saludábamos con gestos de aprecio mutuo. Algunas veces, no demasiadas, habíamos intercambiado frases sobre si había visto llegar o salir a tal o cual persona, o sobre el reconocimiento de un determinado estado de ánimo mío, con una cercanía que me dejaban un poso de tranquilidad y sosiego inusual, pero que olvidaba pronto con el trasiego del día.

Abrí la puerta del seminario de derecho civil, vacío todavía a esa hora y dejé mi bolso y mis papeles sobre una mesa abarrotada aún de libros y fotocopias de documentos de los últimos días, abundantes pruebas de texto que constituían el contenido de mi investigación. Todo el trabajo de tres años estaba recogido en ese único volumen que contenía mi tesis doctoral, y que hoy, tras su lectura, ponía fin a una etapa dentro del mundo docente universitario. Ya el primer año y medio de permanencia en ese mundo me había bastado para comprender que ese no era mi camino y aunque la finalización de la tesis precisara todavía de más de un año de trabajo que estaba dispuesta a completar, yo ya era consciente de que no quería continuar una carrera universitaria en un lugar que me parecía plagado de intrigas, servilismo y mediocridad en general, aunque naturalmente con sus excepciones, que me hacían desistir de una carrera universitaria que, por otro lado, nunca estuve convencida de querer seguir.

Había cursado mis estudios de Derecho con ilusión y una cierta brillantez de resultados, después de una etapa colegial anodina e insatisfactoria. En la facultad había despertado a una situación nueva, donde se podía aprender mucho, en la que por primera vez me sentía capaz de alcanzar metas y posiciones que me permitieran actuar libremente y de acuerdo a mis propios criterios. Sin embargo, una vez finalizada mi licenciatura, ya había sufrido la decepción y comprendido el estado de cosas en el que se hallaba inmersa la institución universitaria, dominada por rencillas personales y fuerzas de poder que mediatizaban el resultado de su función y que me iban haciendo desistir de una posible dedicación profesional a ella. No era lo que yo había esperado. La Facultad de Derecho se hallaba por entonces dividida en dos bandos enfrentados: el conservador y el aperturista, cuyos máximos representantes se mostraban en franca y abierta oposición y cuyos criterios se extendían incluso al alumnado, al que pronto se clasificaba como perteneciente o simpatizante de uno u otro bando, lo que, a su vez, le hacía foco de mofas y chismes por parte del bando contrario, como me había ocurrido a mí, que fui bautizada con el apodo de "caballo de madera" por parte de uno de los más beligerantes profesores que debía temer, sin motivo alguno que lo justificara, mi presencia en los dominios del grupo al que él pertenecía, no fuera a ser que ese bando resultara traicionado y vencido por el enemigo, como ocurrió en la Guerra de Troya. De ahí el apodo, que, al principio, yo no entendí, pero que después acepté con normalidad, incluso con cierto agrado.

Estaba ciertamente orgullosa de mi trabajo. Por él, había sacrificado muchos días de luz y también algunas noches de descanso, para adentrarme en los senderos tenebrosos por los que se movían aquellos a quienes se refería mi estudio desde un punto de vista jurídico, porque el tema que me sugirieron y que acepté casi sin pensar, versaba sobre los derechos y la capacidad de obrar que se les reconoce –no solo hoy, sino también en épocas pasadas–, a quienes se encuentran inmersos en un proceso de enfermedad o alteración mental, con las consiguientes repercusiones para el desarrollo de su vida personal. El tema me gustaba, dada la tendencia que siempre había mostrado hacia el mundo de la llamada enfermedad mental y de la psiquiatría. Pero la forma de desarrollarlo y llevarlo a término había resultado controvertida y, en ocasiones rechazada, por lo que el resultado final era solo aquello qué, con un mínimo de rigor, y a costa de algún que otro enfrentamiento, se pudo hacer dentro de un campo y una perspectiva puramente jurídica.

A las nueve en punto entró en el seminario el bueno de don Isaías, mi director de tesis, que, con expresión amable y solícita en su rostro, me dijo que, aunque era un día importante para los dos y solo debíamos estar a lo que allí iba a suceder, tenía que confesarme, una vez más, lo mucho que lamentaba mi próxima marcha de la facultad, la cual –me dijo–, perdía conmigo una posibilidad de innovación, pidiéndome por última vez, aunque con muy pocas esperanzas, que reconsiderase mi decisión. Le respondí con un sincero abrazo de afecto, mientras sentía un corazón agitado y tal vez ya muy cansado bajo la capa de su fragilidad carnal. Don Isaías olía a esencia de romero que me devolvía el recuerdo infantil de mis incursiones por la droguería Escudero en busca de esencias y aromas que sorprendieran mi desarrollado sentido del olfato. El suyo, era un olor ya viejo y en desuso, un olor pasado de moda, que, como todo lo que rodeaba a don Isaías, pertenecía a un pasado que ya no tenía cabida dentro de mis actuales proyectos de búsqueda y exploración de nuevos caminos que recorrer. En ese momento sentí una enorme ternura por aquel hombre honesto y bondadoso que me pedía continuidad y permanencia junto a él, aunque fuera por razones que yo intuía ambiguas, donde pudieran mezclarse intereses de distinta índole en los que yo nunca había querido indagar. Con cordialidad y mucho cuidado en medir mis palabras para que no resultaran ofensivas, comencé a hablarle por última vez de los deseos de cambio en mi vida, pero a medida que iba construyendo mi discurso, me daba cuenta de hasta qué punto era evidente esa diferencia abismal que nos separaba y de los diferentes momentos vitales en los que se encontraban nuestras vidas, que conducían a una irremediable separación. En ese instante, él se dio la vuelta lentamente y entró en su despacho con ese característico andar cansino que, tal vez reflejaba todo el peso de una vida ya vencida por la monotonía y la desilusión. Había conocido de cerca a su familia y había podido apreciar el entorno amable en el que siempre se había desarrollado su vida. Pero, aunque no era un hombre que expresara claramente sus sentimientos, sí pude intuir un especial movimiento de gravitación hacia mí que afortunadamente nunca llegó a explicitarse.

Don Isaías estaba situado dentro del bando conservador de la facultad, pero sin significarse ni intervenir en la disputa lo más mínimo. Su edad sobrepasaba la sesentena; su elevado origen de cuna y su esmerada educación, pero, sobre todo, su delicado estado de salud, habían hecho de él una persona amable y tolerante, que huía de las intrigas y traiciones de un mundo académico que cada vez le resultaba más ajeno y de cuyas guerras no quería participar. Muchos años atrás había adquirido un estatus de profesor reconocido en el ámbito del derecho civil sin demasiado esfuerzo, pero con una constancia y dedicación más que probadas. Los resultados de su riguroso trabajo le habían ganado el respeto de muchos, que contrastaba con la osada actitud de otros profesores jóvenes, ávidos de un rápido reconocimiento profesional y muy dispuestos a participar de aquellas luchas internas.

Don Isaías era ante todo un hombre de orden y de consenso, que no pretendía ser más de lo que era y que, aun siendo formalmente incluido dentro del sector conservador, había logrado mantenerse en un espacio neutral. Yo había caído en su seminario por exclusión de otras opciones tal vez más atrayentes pero que descarté por conflictivas. No quería formar parte de una guerra que no me concernía particularmente más allá de algunas simpatías personales. Tampoco tenía claro que la docencia fuera mi vocación, ni el tiempo que iba a permanecer allí, de manera que el deseo de hacer una tesis doctoral, que consideraba necesaria para mi formación, me llevó a escoger la cátedra de don Isaías para llevarla a término. Allí se podía trabajar con seguridad y sosiego, al margen de peleas por el liderazgo de la Facultad. Mi relación con él durante los tres años que había permanecido allí fue siempre cordial y respetuosa. Me había enseñado a profundizar en el análisis e investigación del tema escogido y aunque nuestras miradas sobre ese tema eran a veces muy distantes, el enfoque del trabajo fue acordado, pero bastante independiente. Sin embargo, mis antecedentes universitarios como alumna próxima a uno de los más arrogantes adalides en pugna durante mis años de carrera, bastaron para crearme algún que otro problema de índole académica, cuya tendencia se incrementó cuando se supo que, tras la lectura de la tesis, desertaba de aquella facultad para siempre.

Parecía haberse creado un estado de opinión respecto al dudoso valor del trabajo que iba a presentar. Suposiciones y maledicencias por doquier era lo que tocaba.

El acto de lectura de tesis dio comienzo con puntualidad y gran afluencia de público. Había expectación ante un trabajo controvertido y cuya autora desertaba de los caminos trazados dentro de la Facultad de Derecho para la continuidad de una prometedora carrera universitaria. Hubo algunos elogios y también muchos ataques directos al planteamiento, perspectivas, y conclusiones del estudio realizado. Representantes de los sectores en pugna se afanaron por destacar en su respectiva crítica y comprendí que el acto en sí mismo se hallaba preso del estado de cosas que allí se vivía y que, por tanto, una valoración objetiva del trabajo realizado no iba a ser posible. Solo las intervenciones de algunos médicos psiquiatras que se hallaban presentes en la sala por la especificidad del tema estudiado, pero completamente ajenos a aquella lucha interna, ofrecían imparcialidad y puntos de vista muy estimables en sus intervenciones.

Ocurrió en ese momento, en el que yo estaba contestando a una pregunta que acababa de hacer un compañero de promoción al que yo conocía muy bien, una pregunta que aparecía cargada de un mal disimulado resentimiento personal, cuando don Isaías se desplomó de golpe sobre la mesa de profesores con el consiguiente estrépito y alboroto en la sala, que cambió al instante el aspecto de su destino, porque el espacio en el que me encontraba, ya no me parecía tanto una sala de actos universitarios como el de la antesala de la muerte. Fue un instante de gran confusión en el que me pareció que todo lo que estaba ocurriendo a mi alrededor no era real, porque una densa niebla me impedía observar el suceso con objetividad. El salón de actos, ahora desordenado y ruidoso, se me aparecía como un escenario irreal y dramático, en el que se representaba la escena de la muerte misma. Pero no solo de la muerte singular e individual de don Isaías, sino de la muerte en general, como entidad única, idéntica en su esencia, como repetición de otras muertes ya pasadas y premonición de otras futuras, para convertirse, finalmente, en un aviso de lo que después sería una intermitente pero constante presencia en mí vida. La teatralidad de la escena me parecía alejada del contexto en el que se producía, dándole al suceso un sentido de universalidad que eludía cualquier nota o matiz personal sobre el protagonista del acontecimiento. Así lo estaba sintiendo yo, que interpretaba aquello como un presagio siniestro, porque todo se hallaba sujeto a reglas de un orden desconocido, de cosas y acontecimientos imprevisibles, de imposible control por nuestra parte. Comprendía la fragilidad de la vida y el desconocimiento de las causas de todo aquello que acontece y del momento en el que lo hace.

Mientras algunos de los médicos presentes en la sala asistían al profesor, yo, presa de una sensación desoladora, me alejé de forma inconsciente hacia uno de los ventanales con balcón que se hallaban en la parte trasera de la sala y que miraban hacia la imponente plaza de la vieja ciudad, con la fachada de sus catedrales como telón de fondo. Salí afuera, donde se respiraba un aire primaveral impregnado de suave perfume, donde pude apreciar cómo la intensidad de aquella singular luz dorada había comenzado a descender a aquella hora, todavía temprana, de la tarde. El descenso de la luz natural, se producía de forma simultánea a la premonición de la muerte de don Isaías. Me sobrecogí entonces, evocando esa otra muerte única, aprendida y tantas veces repetida en el tiempo, en la que el cielo se había oscurecido súbitamente, porque no se trataba solo del sentimiento de pérdida de alguien concreto -yo estaba segura de que Isaías iba a morir, si es que no había muerto ya en pleno acto de lectura de mi tesis doctoral-, sino que, lo que se me estaba haciendo comprensible, era la entidad de la muerte en sí misma, más allá del tiempo y espacio en los que aquí se estaba manifestando.

Algunos compañeros que se habían acercado hasta el lugar donde me encontraba, me hablaban desde atrás y me tocaban en los hombros como muestra inequívoca de su deseo de transmitir consuelo en un momento tan delicado como aquél que estaba viviendo. Así transcurrió un tiempo que no puedo determinar en su alcance, tras el cual, me encontré de nuevo sentada en mi lugar de doctoranda, mientras una voz neutra e impersonal anunciaba el resultado esperado de sobresaliente cum laude.

Cuando finalizó el acto largamente interrumpido y bajaba las escaleras de la facultad, acompañada de varios compañeros, volví a reparar en la cálida figura de Gabriel que, esta vez con una expresión de pesar reflejada en su rostro me miraba atentamente, mientras mi mano derecha le hacía una señal de reconocimiento y gratitud. Me hubiera gustado deshacerme del grupo de personas que me acompañaban y quedarme a solas con él, mirar su rostro atrayente y escuchar sus palabras, seguramente distintas de las de las que estaba oyendo, para, de alguna forma, refugiarme en un lugar que intuía seguro. Pero no lo hice, porque el acercamiento a una persona de su estatus, en aquel momento, no entraba dentro de las normas de comportamiento impuestas y no solo hubiera resultado extraño, sino que, además, habría dado lugar a conjeturas y habladurías equivocadas, porque la limitada imaginación del contexto imperante no daría para más. Por eso, a pesar de mi aturdimiento por la experiencia que acababa de vivir desistí de aquel impulso natural que resultaba inapropiado.

Ya avanzada la tarde, cuando el cielo se iba oscureciendo, a medida que se ocultaban los últimos rayos de sol, supe que don Isaías moría camino del hospital ese día luminoso de primavera, a consecuencia, al parecer, de un infarto masivo que le condujo a finalizar su vida justamente en una fecha tan señalada para mí. Asistí a su entierro con la certeza de que aquel mundo, al igual que Isaías, estaba para mí definitivamente muerto. Solo había una excepción, alguien a quien no hubiera querido dejar por el camino. La figura de Gabriel –parecía en efecto un ángel con sus ricitos–, ocupó por unos instantes mi mente, que, con su rostro singular y su sonrisa casi etérea, parecía advertirme de algo importante que dejaba sin poner en valor y me avisaba de una oportunidad perdida.

Había transcurrido ya algún tiempo desde la lectura de mi tesis, cuando, en un estado de duerme vela, reparé en lo que me había dicho Gabriel algunos días antes. Sus lacónicas frases "tal vez puede ocurrir, o, no hay que desesperar", resultaban premonitorias, pero en aquella ocasión había dicho más, "los dos van a marcharse al mismo tiempo", en referencia al catedrático, de cuya presencia en ese momento, hablábamos. Yo no le di entonces ninguna importancia porque apenas pude percibir el alcance de lo que Gabriel me decía, pero ahora, aquella frase cobraba extemporáneamente todo su sentido, que atribuí a un claro presagio. Aunque dejé pasar unos días, en la creencia de que solo eran imaginaciones mías, sin embargo, el eco de aquellas palabras seguía resonando en mi mente, a veces, clavándose en ella como un aguijón, hasta que un día, decidí pasarme por la facultad con el único propósito de ver a Gabriel y pedirle una aclaración, si es que él recordaba todavía aquella breve conversación. Eran los últimos días de septiembre y había poca gente, porque los exámenes habían concluido y el nuevo curso no había empezado aún. Pero Gabriel no se encontraba allí. Pensando en que estaría de vacaciones, pregunté a un conserje que no conocía, que me contestó con seca amabilidad que Gabriel ya no iba a volver, porque él era su sustituto. El nuevo conserje no sabía nada más, mientras yo desistía de indagar acerca de lo que ahora consideraba, en efecto, una oportunidad perdida, dándome cuenta entonces, de que a veces, lo que yo buscaba, no estaba dentro de los límites socialmente impuestos entre los que debemos relacionarnos, sino al margen de ellos, en un ámbito en el que casi nadie repara por puro convencionalismo.

Después de dejar la facultad de derecho en la que había permanecido durante algún tiempo, decidí estudiar medicina. Durante la preparación de mi tesis doctoral sobre "La enfermedad mental como circunstancia modificativa de la capacidad", había establecido contactos con algunos psiquiatras jóvenes, interesados en el tema que yo investigaba y había podido visitar algún centro donde trabajaban con enfermos mentales. Incluso, desempeñé durante algún tiempo la labor de asistente social, que combinaba con mis estudios de medicina, para, una vez finalizados estos y también la especialidad de psiquiatría, poder acercarme directamente a esa realidad nueva y desconocida por mí hasta entonces: la de la enfermedad mental y sus consecuencias.

Fue una etapa satisfactoria en la que tuve tiempo de reflexionar sobre esa situación que afectaba a una minoría y contraponer el papel desempeñado por la universidad como centro de saber y aprendizaje, con la realidad de aquellos a los que se llamaba "locos", en cuyo ámbito se podían encontrar personas con un grado de intuición y conocimiento muy superior al de los que no eran calificados como tales, aunque, ciertamente con una forma desordenada en su apariencia y expresión. Deseaba aproximarme para palpar de cerca una realidad que, hasta entonces, solo había contemplado desde la pura teoría.

BIOGRAFÍA DE UNA ENFERMEDAD MENTAL

Aquella tarde de finales de octubre, Sofía se dirigió a la sala número nueve del hospital psiquiátrico donde trabajaba, con la intención de tomar un primer contacto con Carmen, paciente a la que todo su entorno conocía por "Pandora", en referencia al discurso recurrente que ésta enferma había hecho suyo.

Según los antecedentes clínicos consultados por la doctora, Carmen era una mujer madura, con cierta inteligencia y una cultura adquirida de forma autodidacta, cuya vida se había desarrollado en una pequeña ciudad provinciana durante las décadas de 1940 a 1990, en el seno de una familia de clase media, con una vida difícil desde el punto de vista económico y social.

Sus padres habían fallecido pronto y ella había quedado a cargo de su único hermano, un hombre de carácter débil, casado con una mujer autoritaria y ambiciosa que le había dado varios hijos, pero también le había creado unas necesidades económicas que él no alcanzaba a cubrir con el pequeño sueldo del que disponía. Las dificultades económicas de la familia, le habían arrastrado a cometer un desfalco de pequeña envergadura en la empresa donde trabajaba, lo que supuso su ingreso en prisión durante varios años, más de lo que en proporción podía corresponder a la entidad de un delito de muy escasa cuantía, por parte de un hombre discreto que abominaba de su falta y estaba sinceramente arrepentido.

La ausencia del hermano y la aversión que Carmen sentía hacia su cuñada hicieron que pronto abandonara aquel refugio familiar y se echara a caminar por los senderos más oscuros de la vida. Su carácter intenso y desbordado la había llevado, al parecer, a cometer una serie de excesos y errores que había pagado sobradamente. Poseía un espíritu libre e impulsivo que no medía las consecuencias de sus actos y que la condujo a un final de reclusión, en el que hacía una continua labor de introspección, comparando su particular papel en la vida, con el de la mítica "Pandora", a cuya identidad ella creía responder.

Cuando Sofía entró en el pequeño cubículo habilitado para consulta, sintió que unos ojos oscuros y penetrantes se clavaban en ella. La mirada inquieta y desconfiada de la paciente obligó a la doctora a adoptar una actitud apropiada para rebajar el nivel de tensión inicial del encuentro.

—Buenas tardes, Carmen, soy Sofía, tu nueva psiquiatra desde hoy y aunque tengo mucha información sobre tu caso, yo prefiero aparcarla y empezar de cero, para que seas tú la que me pongas al corriente de tu situación, tal y como tú la sientes, para poder trabajar así sobre lo que tú me digas, sobre lo que te preocupa y sobre la visión que tienes acerca de tu vida. Solo de esta manera podré hacerme una idea sobre ti, y solo así podré ayudarte.

—No creo que nadie pueda ayudarme doctora, ya que mi destino fue predeterminado antes de que yo llegara a este mundo y ahora que ya estoy en la última etapa de mi vida, nada ni nadie lo puede cambiar.

—Bueno, ese es tu punto de vista, pero como sabes, los profesionales tenemos en nuestra mano las herramientas necesarias para poder intervenir de forma positiva en la salud de nuestros pacientes, siempre y cuando ellos quieran aceptarlo.

—Si, eso decís todos, pero a mí nadie ha podido ayudarme, por la sencilla razón de que ya estaba todo predeterminado antes de que tu estudiaras psiquiatría.

—Bien, pues yo soy de la opinión contraria y si estás de acuerdo, tú me vas a ir informando de todas las circunstancias por las que has pasado, y de las razones que te han llevado a esa conclusión. ¿Te parece bien?

Sofía reparó de inmediato en el tono y los matices de voz de Carmen. Era una voz ronca y potente, que ella modulaba con destreza para dar un sentido más o menos imperativo dentro de la tónica general de seguridad que imprimía a su discurso. A lo largo de su carrera profesional Sofía había tenido oportunidad de escuchar muchas voces, pero el tañido de su timbre y los cambios de entonación que confería a algunas de sus declaraciones, despertaba en ella constantes resonancias que ignoraba de donde procedían. Procuró no detenerse demasiado en esta cuestión personal, tratando de lograr una primera impresión de conjunto de la clase de paciente que tenía delante.

—Me parece bien. Como ya le he dicho, desde que nací ya estaba predestinada para esta existencia, los dioses lo quisieron así y me dieron todas las cualidades necesarias que determinaron mi papel en esta vida. Yo, a diferencia de otros, nunca tuve suficiente poder ni autonomía, ni tampoco posibilidades para imaginar aquello de lo que era portadora. Fui creada para un constante engaño, que, para mí no era conocido. Yo, a diferencia de otros, no conozco la amistad. Nadie ha tenido la intención de ayudarme en mi desgracia, ni de compadecerse del papel que me había sido asignado. Todos desaparecieron después del desgraciado suceso que yo no propicié, porque nunca he sido estimada, sino utilizada y después ninguneada por el entorno, que no se preocupó de averiguar cuál fue mi verdadera intervención en aquella desgracia. Mi esencia femenina y por tanto muy negativa, solo fue útil como vía de transporte de todos los males que este mundo no era sino fruto de una acción banal, en el mejor de los casos, tapada después con la mentira y el fingimiento que exigían unas reglas sociales en las que ellos ni siquiera creían. El descubrimiento de aquél secreto celosamente guardado desató en mí la ira y la venganza; también la envidia y el rencor. Fue entonces cuando destapé la caja de los truenos y fueron saliendo una a una todas las miserias humanas, dejándolas todas al descubierto.

A partir de entonces he cometido toda clase de desmanes y tropelías. Me he regodeado en ellos, escandalizando a unos y a otros. Como en aquella reunión de amigos en casa, en la que los hombres no dejaban de hablar de tías buenas que habían conocido en algún lugar de dudosa reputación, o en la calle, haciendo unos comentarios que humillaban a las mujeres allí presentes, que callaban indignamente. Entonces yo, ni corta ni perezosa, me puse en el centro de la habitación y me levanté las faldas unos segundos, dejando al descubierto mis partes sin llevar las bragas puestas. Todos se quedaron atónitos, mientras una de mis tías me sacó de allí a empujones, no tienes vergüenza Carmen me dijo, y ellos tampoco, contesté yo. O también, aquella otra vez, en la que me habían dado dinero para hacer unos recados, —siempre me mandaban a recados cuando estaba en lo más interesante de la novela que escuchaba en la radio—, y no hice el encargo, sino que me gasté todo el dinero en el cine y en chucherías, ah! y en churros también. Siempre me han gustado mucho los churros, con ese sabor a harina y aceite, esa textura crujiente que incitaba a morderlos mucho antes que a saborearlos. Siempre me han tirado las sensaciones placenteras. He prestado mucha atención al gustito que producen algunos sentidos como el tacto. Me gustaba acariciar los cuellos de los abrigos de piel de algunas visitas, cuando me los entregaban para colgarlos; o cuando tenía que entretener a alguno de los hijos que acompañaban a aquellas visitas. Les tocaba por todo el cuerpo, y notaba como se estremecían sus carnes.

Muy pronto empecé a tener fama de loca –dijo–, y a generar esa desconfianza que te aísla de los demás. Más tarde aprendí que hay sensaciones más fuertes y he ido probando todas a escondidas, que es como más me gusta. Cuando descubrí que yo no era parte de ellos y que por eso no me querían, fue cuando más me desmadré, y claro, en una ciudad pequeña en la que todo se sabe, fui blanco de todas las habladurías, unas reales, y otras inventadas. Yo sé que he causado muchos disgustos a la familia, si es que puedo llamarla así, pero sentía unos impulsos a los que no podía sustraerme, sin ninguna preocupación por lo que después pudiera sucederme.

En una ocasión me dio por los gitanos. En mi ciudad había muchos y me pasaba mucho tiempo con ellos, tratando de penetrar en sus vidas y en sus costumbres. Ellos me veían como una paya sin remilgos y me aceptaban de buen grado. Así conocí otra manera de vivir, al margen de las reglas dominantes para los demás, porque ellos también tenían sus propias reglas, no crea, algunas de las cuales, las que tenían que ver con las mujeres, me disgustaban mucho, así que, pronto me cansé y me fui de allí.

La curiosidad por todo lo desconocido ha sido la fuente de todos mis males. Nunca he creído en las normas y me las he saltado todas, bueno, casi todas, esas que solo han servido para engañar a los ignorantes y a los confiados, porque matar, no he matado a nadie, y vaya si me he quedado algunas veces con ganas de hacerlo.

Yo nunca he sido confiada, ni siquiera cuando era chica. Entonces ya tenía yo mis dudas acerca de mi origen y mi familia, que después se confirmaron y que quisieron arreglar casándome con ese viejo militar amigo suyo, que siempre había andado detrás de mí, persiguiéndome por los descansillos de las escaleras, a ver si podía tocarme las tetas, y que les decía, que él podía meterme en vereda. Fue entonces cuando decidí escaparme de casa y anduve mal viviendo por ahí, a ver si encontraba un lugar mejor que aquél que me estaba reservado. Pero me encontraron enseguida y me metieron en un correccional, una especie de colegio para menores difíciles, donde conviví con otras chicas más obedientes que yo, pero a las que también se las acusaba de ser portadoras de otros males. Pobrecillas —decía sonriendo, dejando ver su boca casi desdentada—, me tenían miedo y eso que alguna vez me tocó defenderlas, echando mano de mi faceta iracunda que asustaba al personal que nos vigilaba. Fue entonces cuando empezaron a pensar que yo era una persona más peligrosa de lo normal, incluso para un centro como aquél, y que había que internarme en un manicomio, hoy lo llaman más finamente hospital psiquiátrico, para que me dieran tratamiento, donde me encuentro desde hace ya bastantes años como usted bien sabe, más de los que yo quisiera.

Aquí he perdido libertad de movimiento, pero me queda la libertad interior, que esa sí que no me la pueden quitar, y también me queda la esperanza, esa que verdaderamente me corresponde, porque fui yo, y nadie más, la que le impidió escapar. Aquí he aprendido mucho, no solo a esquivar los tratamientos más nocivos para mí, sino que además he podido leer todo lo que he querido. Hay una buena biblioteca que casi nadie utiliza, aunque yo ya había leído antes, en los periodos de calma, cuando me mandaban a casa de unos parientes lejanos, y me leía todo lo que había en la pequeña biblioteca del pueblo. Lo que más me gustaba eran las historias de los dioses griegos, los héroes, los mitos, y todo lo que hacían a los hombres cuando se enfadaban o cuando estaban alegres. Me parecía y todavía me sigue pareciendo un mundo mucho más interesante que este que me ha tocado vivir a mí, lleno de personas mal pensadas, insulsas y también de mucho aburrimiento.

Aquella noche, después de una larga e inusual entrevista con Carmen, Sofía volvió a casa sintiéndose presa de la experiencia vivida junto a su nueva paciente. No lograba separar su vida personal de la que, en este caso, pertenecía a la esfera profesional. No era capaz de establecer una vez más los compartimentos estancos en los que debía desarrollarse su vida profesional y personal, que constituía la primera regla básica de su actuación como profesional de la psiquiatría. Buscó en una estantería repleta de libros, y encontró un tomo de mitos y leyendas griegos que analizaba en detalle el personaje de Pandora, que ella recordaba solo a medias. Leyéndolo, comprendió su significado, el núcleo de la misoginia heredada no solo de la cultura clásica griega, sino también de la tradición judeocristiana, con Eva como personaje central que encarna igualmente el deseo de experimentar, y por ello es la causante del gran pecado que, desde entonces, arrastra la humanidad. O también, el caso de la más desconocida Lilith, que encarna como ninguna otra la lucha por la igualdad frente al hombre, pero que, ante la imposibilidad de lograrlo, se retira de escena y comienza a parir diablos.

Durante algunos días Sofía pensó mucho en las causas del comportamiento de Carmen, en las razones que la habían llevado a esa pretendida asimilación con la protagonista del mito, en el posible paralelismo entre el personaje real y el mitológico; pero también reparó en el sentimiento de culpa que origina el deseo de conocimiento, el afán de saber, la curiosidad innata en la mujer, de la que culturalmente siempre procede el mal y las desgracias que ello comporta. A través de la paciente había descubierto el peso de la misoginia esencial que había destruido la vida de tantas mujeres. Ella había salido indemne de esa influencia. Su familia era un caso excepcional y nadie la había cuestionado nunca por ser mujer, ni había sufrido ninguna de sus negativas consecuencias. Pero ahora descubría, palpándola, esa otra realidad y contemplaba de cerca sus efectos, lo que le provocaba un inusual deseo de arrepentimiento.

En la siguiente entrevista, ya con grado de interés personal, además del profesional, Sofía quiso rebatir a su paciente algunos extremos acerca del origen y características del personaje mitológico en comparación con el personaje real que ella se había fabricado, pero Carmen había construido una arquitectura casi perfecta y sin fisuras del papel que había decidido asumir, dando respuestas precisas y claras a todo lo que la psiquiatra le estaba cuestionando. A Sofía le pareció una argumentación tan perfecta, que hasta resultaba comparable con la de los últimos trabajos de profesionales que había leído acerca de los distintos estados mentales de algunos enfermos, escritos por reconocidos y prestigiosos investigadores en la materia, lo que la llevó a un estado de melancolía y confusión que no quiso compartir con nadie. Se había preguntado por el sentido de una vida tan inútil y dolorosa como la de su paciente, que ni siquiera había servido para engrandecer la de otros que se hubieran dedicado a su cuidado, porque a ella no la habían querido y, por tanto, no la había cuidado nadie. A la paciente solo le quedaba su relato, tan respetable como otros, porque resumía su experiencia vital. No cabía modificarlo ni adaptarlo a los estándares elaborados por otros, ni siquiera para darle una explicación académica que no abarcaría toda su realidad. Le parecía de justicia respetar la obra de su paciente, quien tenía también derecho a que se reconociera su propia obra, tal y como la doctora pensaba hacer.

—Por todo eso que le he contado, doctora, yo no tengo solución posible, porque fui creada por y para el engaño y porque a causa de mi curiosidad malsana y mi de afán de conocimiento, he desencadenado muchos males, aunque todavía me queda la esperanza que, esa sí que me corresponde."

Así finalizaba el alegato de Pandora, a medida que Sofía iba sintiéndose cada vez más concernida por el relato que escuchaba de su paciente. Nada tenía ello que ver con la historia de su propia vida, tan clara en su origen y convencional en su desarrollo. Sin embargo, ese encuentro trastocaba alguna de sus convicciones y también tocaba de alguna manera su equilibrio personal. Era un acontecimiento a partir del cual ella se replanteaba de nuevo sus certezas, incluso la continuidad de su comportamiento en la función que desempeñaba, adaptándolo a uno criterios que ahora se le antojaban puramente convencionales.

Por otro lado, el encuentro con Carmen le había traído pensamientos y emociones de verdadero desasosiego, por el reconocimiento de algunos rasgos físicos, que iban desde el tañido de la voz de su paciente, hasta esos ojos de mirada acusadora, que, a medida que intentaba recordar, más creía reconocer. Eran rasgos que ella había contemplado antes y, que, por alguna razón, había querido olvidar, pero que permanecían gravados en el fondo de su memoria. Eran muestras de una naturaleza reconocible porque, en algún momento las había visto, escuchado y sentido, aún sin haber sido consciente de ello. Pero todo está ahí, en la memoria, que permanece en el tiempo, y solo hay que tener la habilidad y el deseo de recordarlo. La figura de Carmen remitía a la doctora a un mundo tenebroso, un mundo de sombras que ella, de forma inconsciente, había decidido abolir de su vida, pero que ahora, después de tanto tiempo, pugnaba por salir a la superficie.

Sofía había pasado muchas horas reflexionando sobre la parte más tangible de la experiencia que la había desconcertado. Tuvo que hacer un gran esfuerzo para recordar situaciones y emociones propias de paisajes prohibidos que, aún dentro de una existencia clara y cuidada como la suya, había podido contemplar con cierta atracción, en las que el azar o la simple coyuntura del momento, le habían impedido caer y sumergirse en un abismo del que, seguramente, no hubiera podido salir, como le había ocurrido a Carmen. Sus tentaciones, los deslices de una juventud todavía inocente, que la hubieran sumergido en mundos muy distantes del suyo, de no ser por la interferencia del azar, o, tal vez, de otra fuerza desconocida.

Todo podría haber cambiado en su vida en un solo instante, cuando las barreras de protección no eran todavía del todo seguras y un deslizamiento hacia lugares próximos a la demencia, todavía era posible.

Reconoció entonces la voz ronca y ansiosa de la profesora de biología, acechándola en la monotonía de las horas de estudio, invitándola a compartir tibias explicaciones que —intuía— lindaban con terrenos prohibidos; las sensaciones contradictorias que ella había experimentado, y que, en un momento preciso, la habían hecho retroceder.

Recordó también la atracción que, siendo muy joven, había sentido por aquel sacerdote de aspecto severo e impenetrable, que la atravesaba con una mirada indescifrable que encerraba un misterio en el que ella deseaba introducirse sin llegar a conseguirlo. Eran -ahora lo sabía-, aquellos ojos penetrantes los que le recordaban los de su paciente, que, al igual que los suyos, parecían conocer una verdad oculta, un mensaje indescifrable, al que ella no podía acceder. Había podido recobrar parte de una consciencia olvidada y oculta a través de la figura de Carmen, a la que ahora contemplaba desde una perspectiva distinta, menos ortodoxa de la que debe adoptar un médico respecto a su paciente. El desconcierto que llegó a sentir en aquel momento, le hizo plantearse la posibilidad de un cambio de médico para su paciente, que pronto desechó por el temor fundado a que se le aplicaran tratamientos que, desde su nuevo punto de vista, no eran los adecuados. Ya había discutido con algunos compañeros y superiores acerca de esta cuestión y no deseaba con su comportamiento formar parte de un sistema del que desconfiaba en algunos casos. Estaba dispuesta, por tanto, a asumir las consecuencias de algunas desviaciones de las normas profesionales que se le imponían en su actuación, confiando en que ello no supusiera el cambio de su paciente, con la que estaba dispuesta a continuar todo el tiempo que las circunstancias se lo permitieran.

Sofía había llegado a comprender otra similitud entre ella y el discurso de Carmen que la inquietaba: la curiosidad, el afán de conocimiento y el deseo de saber que siempre habían impulsado su vida, y que ahora empezaba a valorar de forma distinta, porque intuía que hay lugares a los que quizá es mejor no intentar llegar, secretos que no conviene desvelar, incógnitas que, en contra de su habitual inclinación, más valía no investigar, porque las consecuencias de su descubrimiento podrían no resultar asumibles para quien lo intenta. Tal vez, habría que saber parar a tiempo porque podría ocurrir que el problema de la verdad fuera que, una vez descubierta, no sepamos hacer con ella. Pensó también que saber y acertar quizá no fueran lo mismo, o, incluso pudiera suceder que ese conocimiento ansiado tuviera unos límites trazados, imposibles de traspasar y que su núcleo, el que ella perseguía, pudiera encontrarse más allá, en un lugar inalcanzable.

Sumida en estos pensamientos, Sofía no pudo evitar retroceder en el tiempo y recordar los años transcurridos en la Facultad Derecho; la desilusión que había sufrido por la forma en la que se abordaba la investigación y la docencia; el sistema y las estructuras creadas dentro de la universidad que ella no compartía, y que, por esa razón entre otras, la había abandonado. Recordó la tarde en que leyó su tesis doctoral, los extraños sucesos ocurridos durante su lectura en la que sintió de forma parecida a la que ahora estaba sintiendo, esa especie de orden que reina ahí afuera, que no tiene nada que ver con el nuestro, pero que de alguna manera llegamos a percibir e identificar como algo que nos concierne. Esto es lo que le sucedió entonces y lo que le estaba sucediendo ahora. Había recorrido un nuevo tramo en su camino. Era, desde luego, más madura y sabía más cosas que antes, pero no había alcanzado aún ese punto de equilibrio que ella deseaba, en el que su pensamiento y su vida resultaran acordes con ese orden que quería alcanzar antes de que fuera demasiado tarde.

Pero, en medio de esta reflexión, Sofía se dio cuenta de algo que le resultaba muy difícil de asumir: que, a diferencia de su paciente, ella no tenía un discurso propio y válido en el que sustentar su vida, sin saber si alguna vez podría llegar a tenerlo.

UNA COINCIDENCIA DESAFORTUNADA

Hoy me he despertado cansada, con una sensación de incapacidad que me hace difícil reunir las fuerzas necesarias que me permitan afrontar una nueva jornada laboral dentro de un contexto social y profesional que, desde hace ya algún tiempo, me disgusta.

Luís se ha marchado a trabajar hace un buen rato y ha llevado a las niñas para coger la ruta del colegio. Yo iré a recogerlas como es habitual a las cinco y media de la tarde y hasta esa hora, debo esforzarme en mi cometido profesional, para tratar de hacer justicia dentro de una institución en la que cada vez creo menos, pero cuya misión tengo encomendada desde hace ya más de diez años, y que, a medida que transcurre el tiempo, se me antoja tarea harto difícil de ejecutar sin riesgo de equivocarme, para tratar atenerme a unos parámetros socialmente establecidos que casi nunca me convencen. Con el paso del tiempo y la experiencia de situaciones y acontecimientos vividos, mi concepto acerca de la justicia que impartimos los jueces ha ido cambiando, e incluso, perdiendo su sentido original dentro del relativismo imperante. Pero a pesar de ello, continúo siendo escrupulosa en mi trabajo, que trato de hacer lo mejor que puedo sin ahorrarme ninguna clase de esfuerzo.

Miro la hora en el reloj de la cocina mientras tomo un segundo café y compruebo que tengo tiempo de coger el autobús hasta el juzgado, donde tengo el señalamiento del primer juicio a las 9:30

horas. El bus ha llegado pronto y semi vacío por lo que ocupo uno de los lugares libres cerca de la puerta de salida. En el escaso trayecto recorrido por el interior del autobús he reparado en una pareja de mediana edad que va sentada justo detrás de mí. Él tiene un aspecto vulgar, aunque va bien arreglado. Ella parece mayor, más sencilla y menos arreglada que él, da la impresión de ser una mujer sumisa, que va muy atenta a las recomendaciones del que parece ser su pareja.

Hablan en un tono perfectamente audible, sin pudor ni prevención alguna y comprendo que se dirigen también al juzgado, al parecer, para comparecer en un juicio que les afecta muy directamente. Ella va a pedir una pensión de invalidez que la seguridad social le ha denegado previamente y no está muy convencida de tener razón. Él, le insiste en que su abogado ya les ha explicado la dificultad de conseguir este tipo de pensiones en el juzgado que les ha correspondido para resolver su petición, y, por tanto, le advierte de la importancia de montar una prueba pericial adecuada para convencer a la juez. Para eso -continúa diciendo él-, se han gastado una pasta considerable en pagar la declaración de un perito experto en la materia. La circunstancia que van a alegar en el pleito es un trastorno ansioso depresivo, que, según dicen, está muy valorado en el mundo actual, donde es muy fácil caer en depresión y muy difícil calibrar la certeza y el alcance de la misma.

Ella recela, no parece estar muy de acuerdo con el papel que debe representar en el juicio, pero la actitud de su pareja es impositiva y tajante: Su situación económica es crítica y él no está dispuesto a seguir a su lado si ella no colabora y no pone de su parte. Además, ¿no es cierto que todo el mundo va a sacar lo que puede? Pues esta es la única posibilidad que tienen para salir de la mala situación económica en la que se encuentran.

Cuando el autobús llega a su destino me bajo en mi parada antes que ellos y camino muy deprisa hacia el juzgado, con la esperanza de no volver a verlos, hay muchos juzgados en el mismo edificio y no tienen por qué coincidir en el mío -me digo para tranquilizarme-, procurando olvidar la conversación que por azar he escuchado y que, como muchas otras, me disgusta.

Me encuentro sentada en la mesa de la sala del juzgado ordenando los expedientes de los asuntos que tengo que ver durante la mañana, ya casi olvidada del incidente del autobús, y me dispongo a comenzar las vistas señaladas para hoy, cuando a las 9:30 en punto de la mañana el oficial del juzgado llama en voz alta a la demandante de mi primer juicio del día: "Pilar Sánchez Martín" –le oigo decir en un tono muy alto–. La pareja, completamente ajena a mi presencia en el autobús, entra en la sala con su abogado y se sientan. Y mientras me detengo unos instantes para observar la expresión suplicante y falsa de sus rostros, escucho mi voz seca y tensa decir: "Autos 166 del 2016, la parte actora tiene la palabra".

EN UNA SALA DE JUSTICIA

Dicen de mí que soy ciega, sin embargo, la venda que tapa mis ojos es de un tul finísimo, a través de la cual puedo ver a quienes dicen estar relacionados conmigo, observo cómo se presentan y actúan en mi nombre. Y las lágrimas brotan de mis ojos ocultos para ellos.

(Fernando Rosado)

Aquella fría mañana de enero de 2016 no era, profesionalmente hablando una mañana prometedora, sino de confirmación de un estado de cosas deprimente desde el punto de vista jurídico y de justicia social. Debía asistir a varios juicios, ninguno de los cuales tenía mucho que ver con la justicia, no obstante, todos tenían cabida dentro de ese contexto y se desarrollaban en las denominadas salas de justicia, dentro de la sede habilitada para la jurisdicción social en Madrid.

Nada más llegar a la puerta del juzgado en el que iba a tener lugar mi primer juicio de la mañana, ya en el pasillo de entrada, atestado de gente y con un enorme bullicio, identifiqué a mi primer demandante con un rápido golpe de vista. Allí estaba el tipo que me esperaba, de características aún más acusadas de las que yo había imaginado. Era muy alto y esbelto, con un cuerpo trabajado en el gimnasio, de aspecto pulcro y cuidadosamente vestido. Llevaba ropa y reloj de marca y miraba atentamente y por encima del hombro a un grupo de abogados y clientes que andaban por allí. A su lado, un letrado de corta estatura y rostro anodino repasaba unos cuantos folios que mantenía en la mano derecha sin demasiado interés. Cuando me acerco a la puerta de la sala para ver la lista de señalamientos que aparece colgada en la pared, con las horas respectivas y los números de cada procedimiento, compruebo que este es en efecto el personaje que ha planteado mi primer juicio de la mañana. Tiene un nombre de país del este, y aunque habla bien español, sus frases no son correctas. Trabaja en España desde hace algunos años, con un salario muy elevado a juzgar por sus altas bases de cotización a la seguridad social, que son las que van a servir para calcular la cantidad mensual que pide como prestación por maternidad.

No hace muchos años que la presencia de tal sujeto en los juzgados de lo social de Madrid, pidiendo una prestación por maternidad, hubiera causado estupor, pero las cosas han cambiado mucho y muy rápidamente en este tipo de cuestiones que afectan a determinada ideología y que han calado de forma tan natural en la sociedad, que hoy ya nadie se rasga las vestiduras porque un hombre que no ha parido pueda tener derecho a un dinero que paga el estado español por una causa muy concreta, como es la de haber sido madre, es decir por maternidad.

Nada ha cambiado en la ley que permita entender que la finalidad de esta ayuda sea otra, ni por supuesto, se ha cambiado el nombre de la misma, para evitar así una confusión de ideas o de conceptos sobre lo que cada cosa es, y todo siga teniendo un sentido según su propia denominación. Esto no ha ocurrido, pese a lo cual, los abogados que nos dedicamos a la materia sabemos que esta clase de petición es hoy muy normal, que la sociedad ha cambiado y que la denegación de tal derecho a un hombre que no ha podido parir, ni por tanto convertirse en madre, sería algo "discriminatorio" según manda la ideología de género dominante. Tal es la situación en la que debo moverme, porque de sobra sé que de esa opinión participan muchos, incluso el Tribunal Supremo de nuestro país.

El tipo en cuestión tiene aspecto y modales cuidados, muy varoniles. Nada hace pensar en una mujer frustrada encerrada en un cuerpo de hombre. Nada de eso. No hay más que entrever la musculatura que escode el magnífico traje azul marino, de corte perfecto y exquisita plancha que porta el sujeto en cuestión con aire de complacencia. Pero yo ya no me asombro. Estoy acostumbrada a este tipo de demandas muy frecuentes, que me ha tocado defender en su contra durante este último periodo de mi vida profesional, y lo hago con paciencia y la mayor eficacia posible, aunque me causa cierto estupor y repugnancia intelectual que, puestos a pagar por ello, no se haya cambiado en la ley el nombre y la naturaleza de la ayuda que estos sujetos piden y se les reconoce en nombre de la justicia, para que así hubiera, al menos, una concordancia de conceptos e identidades que no perturbe el lenguaje, la lógica y la razón. Porque este concepto de "maternidad", que significa "estado o cualidad de madre" según el Diccionario de la Real Academia, no me cuadra con los atributos del tipo, de abultado paquete dentro del estrecho pantalón de finísima tela que lleva puesto. Tampoco con la cuidada barba que bordea su boca ni con su cuerpo varonil, perfectamente modelado. Pero tengo que admitirlo, sea razonable o no, a este sujeto hay que considerarlo como si hubiera sido madre, al efecto de darle un dinero público que la administración a la que yo represento le niega por aplicación estricta de la ley y la administración de justicia del mismo país, le otorga, pasando por encima de ella.

La juez encargada de juzgar el asunto es una mujer joven, poco más de treinta años, y por tanto muy conocedora de los nuevos criterios sociales y de cuál debe ser su respuesta en este tipo de asuntos. No se inmuta por la clase de ayuda que solicita el demandante, muy acorde ella con los imperativos de los nuevos tiempos, en los que tiene que ejercer el noble oficio de impartir justicia. Inevitablemente pienso en que también ella es una mujer, que desconozco si tiene hijos, pero que, en cualquier caso, tiene que haber reparado alguna vez en lo que significa el término "maternidad". Pero eso que más da, me contesto a mí misma, ella habrá sacado su oposición recientemente y sabe que tiene que resolver conforme a los mandatos vigentes y que su misión no es en absoluto de origen semántico, ni la de pensar acerca del origen, naturaleza y finalidad de las prestaciones que tiene en su poder reconocer o rechazar; ni siquiera creo que haya meditado sobre lo que significa impartir justicia; eso no se lo han enseñado en su preparación a la carrera judicial. Ella no tiene que preguntarse si es justo conceder una ayuda por maternidad a este señor; tan solo tiene que conocer cuál es el criterio seguido en este caso, u otros, por un tribunal superior, copiarlo y no discutirlo, ni, mucho menos, juzgarlo. De ahí su primera pregunta dirigida a mí:

—¿Pero letrada, estos asuntos no se estaban reconociendo ya en vía administrativa?

Y yo, que no quiero dar muchas explicaciones, contesto de forma ambigua que:

—según en qué casos señoría, porque no todos son iguales.

Cuando comienza el acto del juicio, el letrado del actor dice que el derecho a la prestación por maternidad de su cliente resulta evidente; que ya existen varias sentencias reconociendo ese derecho a varones, porque de lo contrario, se produciría una discriminación no permitida por la ley ni por nuestra Constitución. No añade mucho más, porque sabe que va a terreno conquistado.

Cuando me toca el turno de alegaciones no ahorro datos que identifiquen claramente el supuesto de hecho que se discute. Digo, que se trata de una pareja de homosexuales con alto poder adquisitivo, que deciden acudir a Illinois en EEUU para adquirir allí un bebé.

No cuento, por razones obvias, que primero tienen que comprar un óvulo, lo cual no es obstáculo dada la gran oferta existente en aquel estado; que después deciden si acuden o no a un banco de semen, que a continuación deben contratar un vientre de alquiler, que, mediante un precio adecuado se acepta el encargo de la gestación, con entera renuncia por parte de la madre biológica a cualquier derecho sobre el nasciturus. La pareja de compradores debe asegurarse que el servicio prestado sea el adecuado y que la mercancía se entregue en perfecto estado, es decir, sin defecto alguno que pueda afectar al objeto de compra, por lo que pueden acudir al lugar del contrato tantas cuantas veces consideren necesario para asegurarse un correcto resultado, lo que, por razones evidentes, comporta cuantiosos gastos que solo una pareja de alto nivel de recursos puede sufragar.

Digo, que en España está vigente el artículo 10 de la Ley de Reproducción Asistida, que no ha sido derogado ni modificado, el cual, declara nulo cualquier contrato por el que se convenga la gestación, con o sin precio, a cargo de una mujer que renuncia a la filiación materna, en favor del contratante. Que nulo significa que no surte ningún efecto jurídico y que ya el Tribunal Supremo en sentencia de 06/02/2013 dijo que no cabía inscribir a un menor así nacido en el registro civil español. Que esa sentencia no se había cumplido por parte de los cónsules españoles en el extranjero, entre ellos, el de Illinos, haciendo la vista gorda a inscripciones registrales en contra de ley y de la referida sentencia del Tribunal Supremo.

Continúo señalando que la prestación por maternidad está prevista en la ley solo para la madre biológica o adoptiva, que disfrute de los descansos previstos en el estatuto de los trabajadores, ninguna de cuyas condiciones reúne el demandante. Y que la razón de ser y la finalidad de esta prestación es la de permitir, mediante el oportuno descanso remunerado, en primer lugar la recuperación física de la madre que ha gestado durante nueve meses y ha sufrido el parto, y después, la de procurar la atención y cuidado al menor, con factores tan específicos y propios de la condición de madre como puede ser la lactancia, permitiendo así una contrapartida económica a la mujer que tiene que cesar temporalmente en su trabajo y que de esta forma se ve compensado. Que el concepto de "maternidad" no puede tener cabida en el caso del actor, y que el reconocimiento del derecho que pide infringe todas nuestras normas legales al respecto.

Digo también que este derecho, del que solo es titular la madre biológica, puede "ser cedido" por ella al cónyuge, pero solo en parte, ya que las primeras seis semanas posteriores al parto son de descanso obligatorio para la madre. Que el actor, ni es titular del derecho, ni este le ha podido ser cedido en parte por la madre biológica, que carece de cualquier derecho en España.

Yo, sé de sobra, que todo esto ha sido desnaturalizado por los tribunales superiores, especialmente por el Tribunal Supremo, con sentencias que, obviando la existencia de norma legal expresa en contra de semejante reconocimiento, ha considerado que, en los tiempos actuales y en base al cambio social operado en nuestra sociedad, debe reconocerse al varón tal derecho. Y que para ello hace primar sobre la ley lo que llama el "interés del menor" que, según el Alto Tribunal, se vería gravemente afectado y conducido a situaciones de desamparo porque el carácter ilegal de una filiación, no justifica un trato diferenciado en función de su procedencia.

Existen muchas argumentaciones que oponer a esa consideración del Alto Tribunal, por ejemplo, que el primer interés del menor a proteger, debiera radicar antes que nada en impedir su mercantilización, la de su gestación y existencia misma como primer interés a proteger. El interés del menor, que no puede hablar ni expresarse, exige también impedir que, otros que no son sus progenitores, escojan donde, cuando y en qué condiciones ese menor debe nacer, para después, mediante un precio adecuado sea apartado de su procedencia biológica y entregado para vivir junto a quienes le han comprado en la manera en que lo han hecho, acomodando su existencia a lo que otros han decidido. Proteger el interés del menor sería, por ejemplo, impedir su venta por parte de su madre biológica, presa de un exclusivo interés económico. Interés del menor, sería no permitir que el condicionante esencial de su vida se tome en base a unos supuestos derechos e intereses de alguien completamente ajeno a la posibilidad de su existencia, sujeta a un interés personal y económico de quien, como en este caso, sí puede posibilitarla por tener capacidad económica suficiente.

La lista de intereses del menor puede ser mucho más larga, en la que, desde luego, no cabe incluir el pago de una cantidad a su vendedora. Hablar de ese interés, como algo que justifica la prestación por maternidad constituye –desde mi punto de vista–, un insulto a la inteligencia de quien lo escucha, cuando no un deseo de abolir toda capacidad de análisis y razonamiento, porque en el transcurrir de los tiempos, en los cambios sociales, no todo vale. No vale forzar una existencia, comprarla y condicionarla a una determinada forma de vida. ¿Con que legitimidad se ejerce esa competencia que la ley niega y la administración de justicia reconoce?

Pero todo esto que estoy pensando no lo digo en voz alta, no sería adecuado. Aquí solo deben tratarse algunos de los aspectos puramente legales dentro del contexto ideológico imperante, y creo, que estos los tengo todos a mi favor, aun cuando sepa de antemano que voy a perder el juicio. Aquí lo que hay que determinar es si este sujeto que tengo enfrente y que no muestra ningún tipo de vergüenza ante lo insólito de su pretensión, tiene derecho a que se le pague con fondos públicos españoles, por una maternidad imposible y cuya madre biológica, caso de haber pedido la prestación, tampoco hubiera tenido derecho, por la sencilla razón de que no es española, no ha trabajado en España, ni cotizado aquí, y, por tanto, sin posibilidad de tener un descanso retribuido. El demandante no es mujer, no ha parido, ni tiene que recuperarse de la gestación y el parto. Además, cuando se celebra el juicio, ese menor tiene ya dos añitos, con lo cual, la finalidad de atender al recién nacido ya no existe, y, además, el actor no ha dejado de trabajar en la empresa que le paga un elevado salario. Si, ya sé, los costosos viajes a Illinois, el precio del contrato, cuya cuantía ignoro y que no quiero llegar a saber; una enorme cantidad de dinero gastada que hay que recuperar, aunque solo sea en una pequeña parte, porque la cuantía de la prestación reclamada resulta, probablemente insignificante en relación con ella. Pero esta compensación económica por la hazaña que ha llevado a cabo el demandante, no forma parte ni de la esencia ni de la finalidad de la ayuda que pide, ni menos aún puede ser sufragada con cargo a fondos públicos del sistema. Y no hay la menor duda de que si la compra del niño se hubiera realizado en España, o en muchos otros países de la UE, la solución sería el rechazo total de su pretensión. Pero él tiene el poder económico suficiente para trasladarse a Illinois, donde la compra es factible y una vez entregada la mercancía, trasladarse a España y pedir una prestación por maternidad de forma extemporánea.

El letrado contrario me observa todavía tranquilo. Ya ha dicho que hay sentencias del Tribunal Supremo que le dan la razón. Y el actor no mueve un músculo de la cara, sabedor de que el estado español le pagará. El suyo no, pero el español sí, así es de generoso. Es verdad lo que dice el letrado, pero los muchos años de ejercicio de la profesión y el sentimiento de injusticia pesan mucho en mí, por lo que utilizo esta habilidad y experiencia para responder ante la sala, que, aun existiendo tales sentencias, también es cierto que hay determinadas cuestiones sobre las que esas sentencias no se han pronunciado, que paso a enumerar.

Digo, por ejemplo, que no es del todo cierto que la razón de ser de la prestación por maternidad sea la de proteger al menor, sino también y fundamentalmente a la mujer trabajadora, quien se ve obligada a interrumpir su relación laboral por razón del parto, de ahí que sea ella la titular del derecho, y que esta condición de madre, no cabe atribuírsela al actor. Resalto que en las sentencias mencionadas no se tiene en cuenta el interés del menor —si es que de eso se tratara, que no lo creo—, porque el reconocimiento de su pretensión al demandante le hace de mejor condición, por ejemplo, qué a un padre heterosexual, cuya esposa no trabaja y a su hijo menor, al que se le deniega esta prestación de forma sistemática, lo cual carece de sentido si solo se tratara de proteger al menor.

Pero, además, digo, esas sentencias que conozco y que efectivamente conceden al derecho reclamado en supuestos semejantes al que aquí se debate, en las que —todo hay que decirlo—, se hace abstracción de las normas legales que impiden su reconocimiento, no dan respuesta a otras cuestiones como la que acabo de mencionar, que, como no han sido resueltas por el Alto Tribunal, habrán de ser analizadas en la sentencia que aquí se dicte.

Por ejemplo, no explican cómo es posible que un derecho que solo corresponde a la madre biológica, o adoptiva, —siempre que cumpla otros requisitos legalmente exigidos por la legislación española´, le haya sido denegado por el Tribunal Constitucional a un varón heterosexual con el argumento de que su esposa y madre biológica no trabajaba, no cotizaba y por tanto estaba fuera del sistema de seguridad social; y que paralelamente le sea reconocido a un varón homosexual, cuando la madre biológica es americana, que ni vive ni trabaja en España y que por razones obvias carece también de ese derecho. Se trata por tanto de un trato discriminatorio en contra del varón heterosexual. (De sobra se yo que el reconocimiento en el caso del actor, pasa por colocarlo en el lugar de madre, pero como esto no puede ser y además es imposible, continúo).

Tampoco explican las sentencias del T.S. cómo es posible que en estos casos el varón –aquí demandante–, disfrute de la prestación de maternidad completa, incluidas las seis semanas de reserva obligatoria para la recuperación de la madre biológica, cuando en el caso de matrimonio tradicional heterosexual, el cónyuge, al que la madre le cede tal derecho, solo puede hacerlo en parte, porque existe una obligación de reserva necesaria para ella.

Y, finalmente, tampoco se explica cómo es posible el reconocimiento de una prestación en el caso de un menor que ha superado con creces la edad establecida para su devengo, al tratarse de una ayuda que solo se extiende durante las primeras dieciséis semanas de vida.

Percibo en este momento cómo la magistrada va inquietándose, ante la posibilidad de tener que dictar una sentencia analizando estas cuestiones que se le proponen, en lugar de copiar los argumentos de una de las que ya existen, lo cual le ahorra trabajo y no la obliga a pensar en términos estrictamente jurídicos. También puede ocurrir y será lo más probable, que la juez obvie todas estas cuestiones que propongo y haga oídos sordos de ellas para no tener que resolverlas, con la excusa de que la pretensión del demandante, como tal, ya ha sido resuelta.

Además, –continúo en un intento de restar algo de la cantidad de dinero que le van a pagar sin tener derecho a ello–, como la ley obliga a que sea la madre biológica quién disfrute obligatoriamente de las primeras seis semanas siguientes al parto, en ningún caso cabe abonárselas al actor, porque son semanas de recuperación de un parto y es obvio, que tal supuesto no se ha dado en el caso que nos ocupa, por lo que, en cualquier caso, habría que restar esas seis semanas del importe total reclamado.

El letrado contrario se retuerce ahora en su asiento y me mira con ira, ante la posibilidad de perder parte del dinero que pide para su cliente. La expresión del tipo que demanda, sufre entonces una palpable alteración, fruto de la indignación que le causan mis palabras y mueve la cabeza de un lado a otro con claros signos de desaprobación. Querría hablar y decir lo que detesta mi discurso, que calificaría de xenófobo y homófobo, pero no puede, sabe que le mandarían callar de inmediato, para eso está su letrado, que en este momento tampoco puede interrumpir, porque el acto del juico tiene sus reglas y sus tiempos, y este, es el mío.

A continuación, hay un periodo de prueba, en el que intercambiamos la documentación que cada parte aporta y también, pido el interrogatorio del tipo, lo que no es nada habitual es este tipo de procedimientos, en los que, ya se sabe que ganarán, pero yo quiero agotar todos los recursos a mi alcance para impedir que le paguen una prestación sin razón legal.

Le pregunto que diga ante el tribunal si es cierto que contrató una gestación subrogada con una mujer americana en Illinois mediante un precio acodado. Que, cuando trajo al menor a España, y si continuó trabajando en su empresa con normalidad, y, finalmente, que quien ha cuidado desde entonces del menor. Contesta a todo de forma afirmativa y escueta y dice que, para cuidar al menor cuando trabaja, ha contratado a una mujer. Le pregunto si ha pedido la paternidad, a lo que contesta que no, que esa prestación la ha pedido su marido –porque él, claro, ocupa el papel de la madre, que es lo que trato de poner en cuestión–. Y, por último, reconoce que la edad que tiene el menor actualmente, es de dos años.

En la fase de conclusiones, que sigue a la práctica de la prueba, el letrado contrario suelta una verdadera soflama cargada de todos los tópicos posibles en torno a mi falta de sensibilidad para comprender la evolución y los cambios sociales que han dado lugar a las sentencias del Tribunal Supremo sobre la materia que yo pretendo ignorar, en un claro intento de dejar fuera las cuestiones estrictamente legales que yo he planteado, que no han sido resueltas por el Alto Tribunal y que presumo que también lo harán a su favor. Me trata de persona beligerante y retrógrada, palabra esta última que no pronuncia pero que está implícita en su disertación, poco hábil y eficaz para contestar a las nuevas cuestiones jurídicas que le han sido planteadas, porque ni viene preparado para ello, ni tiene tablas suficientes para improvisar.

Por mi parte me limito a constatar que ha quedado probado que, en nuestra legislación la prestación por maternidad, como su propio nombre indica, corresponde a la madre; que el demandante no es la madre biológica ni adoptiva del menor; que éste es fruto de un negocio jurídico considerado nulo por la ley española. Que, además, la madre biológica no tiene ningún derecho en España que pueda serle "cedido" a quién demanda, y que, por esas razones carece del derecho que pretende. Que, en cualquier caso, el menor rebasa con mucho la edad en la que se concede la prestación por maternidad, que son las dieciséis semanas posteriores al parto, con lo cual la petición resulta extemporánea, y que en ningún caso podría percibir las primeras seis semanas reservadas por la ley para la recuperación física de la madre que ha sufrido un parto. Finalmente, digo que la estimación de esta pretensión resulta discriminatoria, haciendo de mejor condición al demandante respecto de otros padres que han visto denegado su derecho a la maternidad.

Así finaliza el acto de juicio, entre muy malas caras y aspavientos, por parte de quienes tengo enfrente de mí, incluso la de su señoría, que piensa que el asunto se le complica y tendrá que trabajar más a la hora de dictar sentencia, en lugar de copiar los fundamentos de una de las existentes. Abandono la sala convencida de que el atildado joven del este que trabaja en España ganará sin razón legal el asunto planteado, porque ya hay precedentes que le dan la razón.

Durante el resto de la mañana no he vuelto a pensar en ese juicio. He tenido otros asuntos de los que ocuparme, otros juicios distintos y he salido del juzgado ya tarde y cansada, porque ya tengo una edad. Por la tarde, durante ese rato en el que cierro a medias los ojos y trato de relajarme para descansar un poco, me ha vuelto a la mente ese acto judicial, con las caras y expresiones de desagrado de los participantes, el contenido transgresor de su pretensión, que será aceptada sin más, obedeciendo al estado de cosas actual, donde todo puede ser lo que no es; en mí semblante, aparentemente sereno, pero con una importante dosis de contrariedad y desagrado en el fondo de mi ser al tener ocasión de constatar aquello en lo que se ha convertido hacer justicia. Y pienso inevitablemente en el futuro de ese niño –hasta ahora no he reparado en que se trata de una niña–, en lo que será su vida al margen de sus oscuros orígenes.

Ya es de noche cuando salgo de casa para hacer unas compras de alimentos. Voy al supermercado más cercano cuando ya comienza a oscurecer. En enero las tardes son muy cortas y las noches muy tempranas. A la vuelta camino lentamente por el peso de lo que llevo en dos grandes bolsas, una de cada mano. La calle está ya a esa hora desierta y la luz de las escasas farolas que la iluminan es muy tenue. Ya muy cerca de mi casa escucho como un coche se acerca y se detiene a mi lado. Casi no me da tiempo de ver como dos jóvenes que se han bajado del mismo, se abalanzan sobre mí y me empujan hasta que caigo de bruces sobre la acera. No entiendo lo que dicen en esa lengua incomprensible. No pasa nadie que pueda ayudarme. El contenido de las bolsas se ha desparramado a mí alrededor. Aunque siento dolor en rodillas y brazos, creo que la cosa no es grave. No me han robado nada. Es solo un susto, me digo, una advertencia. No hay cámaras de seguridad. No puedo hacer nada. Sería su palabra contra la mía.

EL MAL HACER

A ella le gustaba recordar con frecuencia la época de esplendor económico que había conocido durante una corta temporada de su vida, durante los años cuarenta del siglo pasado. En su familia, de clase media provinciana, se vivía con decoro, pero sin excesos. Desde muy pequeña había sentido gran atracción por la riqueza y el lujo. De su madre, a la que perdió siendo niña, había heredado varias joyas valiosas, con muchos años de antigüedad, que ella miraba una y otra vez con arrobo y respeto. Se había casado muy joven con un hombre enfermo –decía que sin saberlo–, pero de mayor posición económica y relieve social, doce años mayor que ella y profundamente enamorado, que quiso colmar todas sus apetencias sin poder conseguirlo. Pero durante el período inicial de su incierto matrimonio todo parecía esplendoroso.

En lo que a este relato concierne, baste decir que la pieza elegida para el día de su pedida de mano, era una pulsera de singular belleza y gran valor. Estaba formada por hileras de rubíes y diamantes que formaban figuras geométricas de gran precisión, engarzadas en una fina estructura de oro que la hacía refulgir sobre cualquier otra pieza a los ojos de quien la contemplaba. Ella adoró esta pulsera desde el primer instante en el que la vio y la guardaba cuidadosamente como su objeto más preciado. Después vendrían otras piezas aún más valoradas: el gran medallón de diamantes, cuyos tamaños iban en aumento a medida que se aproximaban al vértice superior de su contorno ovalado, con un delicado dibujo central tallado en marfil que representaba una escena ya olvidada. El brazalete formado por nueve líneas perfectas de piñones de oro preciosamente engarzados que, sin ser la de más valor, era sin duda, la joya más querida por ella y por quienes la habíamos visto o portado en alguna ocasión especial. Más tarde, llegaron algunas otras, como la fabulosa esmeralda adquirida en una joyería de fiables expertos en Colombia, el solitario de diamantes, o, el conjunto de collar y pendientes de zafiros y brillantes de belleza y singularidad excepcionales. También destacaba el broche en forma de mariposa, una pieza muy antigua, transmitida por herencia familiar paterna, cuyas alas aparecían adornadas por zafiros, rubíes o diamantes que salían de un delgado cuerpo dorado cuya delicada estructura sorprendía a quien lo contemplaba, o, los fabulosos pendientes de diamantes en forma de hoja que iluminaban su hermoso rostro cuando los llevaba puestos. Durante los escasos pero dorados años de su vida había acumulado anillos, pendientes, relojes y collares de perlas que constituían su más preciado tesoro.

Ella había instalado una caja fuerte empotrada en una pared de su dormitorio, detrás de un cuadro de escaso valor, donde guardaba documentos que consideraba importantes y, por supuesto, todas sus joyas, las que le habían regalado durante toda su vida, las que provenían de herencia familiar, y, además, todas las de su hermana ya fallecida, que también guardaba allí por miedo a que en otro lugar no estuvieran seguras. Sentía un apego especial por aquellas joyas que, muy de vez en cuando, con motivo de alguna ocasión especial sacaba de la caja fuerte y las contemplaba colocadas sobre la mesa camilla en torno a la cual nos sentábamos sus más allegados o amigos para charlar. Transcurría muy poco tiempo hasta que ella decidía recogerlas y guardarlas de nuevo en la caja fuerte, como si temiera que el solo hecho de tenerlas a la vista pudiera llegar a hacerlas desaparecer. Hablaba con un orgullo especial de aquellas joyas que se habían convertido en el símbolo de esa parte de su vida que no se correspondía con la que le llegó después.

Yo, nunca había sentido esa atracción especial por las joyas y jamás había prestado suficiente atención a su enorme preocupación por no perderlas nunca y conservarlas hasta el final de su vida como prueba de lo que, en algún momento, esta había sido. Después de la prematura muerte de su marido había tenido dificultades económicas, pero nunca se había planteado la posibilidad de vender alguna de esas joyas para salir de algún apuro, como había visto hacer a sus amigas en momentos difíciles. Para ella esa posibilidad resultaba inviable, una traición que nunca se iba a permitir más que en una situación de extrema necesidad que, por suerte, nunca llegó a padecer. Hablaba de sus joyas con admiración y orgullo y las escasas ocasiones en las que se las vi puestas pude contemplar la felicidad que le producían los comentarios de aquellos que se las admiraban sobre su cuello, sus brazos o sus manos, porque ella era una mujer muy hermosa y elegante, que sabía muy bien cómo llevarlas para que destacaran en todo su esplendor. De entre todas ellas, había una que llamaba especialmente mí atención, la pulsera de piñones de oro que ella había llevado puesta durante muchos años y que para mí era el más claro reflejo de su identidad. Aun cuando no era la de mayor valor material, su pérdida fue la más sentida de todas para mí. Si hubiera podido elegir recuperar solo una de todas esas joyas, habría sido, sin duda, ese brazalete de piñones de oro.

Pero, aunque muy tardíamente, ella también envejeció y fue perdiendo la memoria para algunas cosas, entre ellas, para recordar la clave de su caja fuerte que, nadie más conocía, y, ya no pudo volver abrir. Yo intenté ayudarla, probando con cifras que se correspondían con las fechas de cumpleaños, o con las de acontecimientos importantes de su vida, pero nada había dado resultado. Dijo que tenía apuntada la clave en un cuaderno que yo busqué meticulosamente sin poder hallarlo. Era pues el momento de rescatar las joyas de un lugar que ya no podía controlar, pero me faltaron la decisión y la diligencia necesarias para convencerla, llamar a un técnico que abriera la caja fuerte y cambiar las joyas de lugar, porque la desconfianza que yo adivinaba en la expresión de su rostro ante tal posibilidad me desanimaron a hacerlo. No me atreví a decirle que había que llevar a alguien que fuera capaz de forzar la caja, porque esta posibilidad engendraba violencia para ella, además de ocasionar el destrozo de algo que formaba parte de su vida y que no iba a entender, de manera que aquello se fue aplazando hasta que un día, sucedió lo que ella siempre había temido: su tesoro había desaparecido, se lo habían robado con nocturnidad y alevosía. Era un martes después de la Semana Santa, -cuando gran parte de las casas de Madrid se quedan vacías-, cuando descubrió la nefasta escena del delito que allí se había perpetrado y la consiguiente desaparición de todas las joyas que estaban en su poder. Me llamaron con urgencia, porque a ella, que era diabética, le había dado una subida de azúcar que a punto estuvo de acabar allí mismo con su vida. Su estado fue crítico durante escasas horas, pero al final, pudo recuperarse para mantenerse solo durante algunos meses más.

Muchas veces he pensado en mi falta de previsión hacia un asunto que a ella le preocupaba tanto y he experimentado un sentimiento de culpa por lo que más tarde sucedió, cuando ya no había remedio posible. A medida que voy cumpliendo años percibo con mayor claridad esa falta de interés y atención generalizada de nuestro entorno social por los asuntos de los mayores, de aquellos que se encuentran en ese momento vital tan vulnerable del deterioro del cuerpo y de la conciencia humana. Son, de alguna manera, seres que ya no forman parte de las cuestiones principales a resolver si no se trata de una situación de urgencia. Sus intereses dejan de tener importancia para quienes nos encontramos en otros momentos vitales distintos, se convierten en personas de un segundo nivel, donde la preocupación solo consiste, en el mejor de los casos, en logar que estén bien atendidos en las cuestiones de orden material de la vida, sin reparar en aquello que más les importaba cuando aún tenían las condiciones necesarias para poder manifestarlo e incluso exigirlo. Se nos olvida la clase de persona que fueron, con todas sus singularidades y pasan a engrosar como un número más, el ámbito de los que, por sus circunstancias de edad, ya se hacen todos iguales y solo nos preocupan esos cuidados generales básicos que son los convencionalmente asumidos.

Sin embargo, no todos los que rodean a esta clase de personas que llamamos ancianas se comportan de igual manera. Hay quienes tienen un interés muy concreto por aquellos que conocen de cerca y observan cómo van perdiendo sus facultades. Son los merodeadores de la víctima, aquellos a quienes atrae precisamente el alcance de su debilidad y deterioro. Son cuervos al acecho. Esos que tratan de obtener un beneficio sin causa ni razón para ello. Ella los tuvo, y entre ellos, está la clave de lo que sucedió. Algunas veces, en sus conversaciones con alguno de esos cuervos, contaba cosas que yo oía distraídamente, en medio de otras preocupaciones cotidianas, pero que contenían un mensaje claro, una información para quién estuviera dispuesto a prestar mayor atención de la que yo prestaba, que pasaba por encima de unos comentarios que hoy, después de lo ocurrido, tenían su importancia para desvelar la autoría de lo que más tarde sucedió. Ella tenía en su entorno un grupo de gente próxima, algunos de hace muchos años, otros más recientes, que le prestaban variados servicios a cambio de un dinero que ella no les escatimó nunca, cómo tampoco escatimó el alto nivel de cordialidad y cercanía que les prodigaba. Como era presumida y le gustaba hablar de sus tiempos de esplendor, todos ellos conocían la existencia de esas joyas y también el lugar exacto en el que se encontraban.

Era un martes después de Semana Santa cuando acudió a su domicilio, acompañada por su asistenta desde hacía muchos años para limpiar la casa. La puerta de entrada había sido forzada, y ya dentro, el espectáculo de su dormitorio resultaba dantesco. La caja de seguridad aparecía calcinada, abierta, y, por supuesto, vacía, la habían hecho saltar con soplete; parte de la pared en la que la caja estaba empotrada también aparecía calcinada, abundantes papeles quemados cubrían el suelo y la cama matrimonial sostenía el vaciado del contenido de los cajones y armarios del dormitorio. Había cenizas por doquier, muchas latas de cerveza y de coca-cola vacías; botellas de agua para facilitar el trabajo y muchas colillas que daban fe de lo que allí había ocurrido recientemente: la ejecución de un delito realizada con regodeo y a placer, sin prisas ni premuras, con entusiasmo y abundante bebida para celebrarlo, en la seguridad de lo que se iba a encontrar allí en el lugar preciso. El resto de la casa permanecía intacta. Solo la habitación donde se hallaba el botín aparecía humillada y destruida.

A partir de ese momento, se produjo el más absoluto silencio en el entorno más próximo de la víctima. Nadie sabía nada, nadie dijo haber visto u oído nada, ninguna sospecha, todos se quedaron mudos, convirtiéndose simultáneamente en enemigos de la víctima y encubridores de los delincuentes, en sus fiadores directos, en sus protectores, a los que no delataron ni persiguieron. Tampoco se ocuparon mínimamente en darles su merecido dentro de una sociedad en la que delincuentes y supuestos guardianes del orden pasan a formar parte de una misma pesadilla para la víctima, indefensa en medio de la hipocresía y el engaño generalizados. Ella también fue presa de la ineficacia de los encargados de velar por ese orden, que permite que los delitos más fáciles de descubrir queden impunes, porque no está previsto el más ínfimo de los esfuerzos destinado a ello. Las características del robo, su aparatosa y larga ejecución, la singularidad de las piezas robadas y el conocimiento preciso que al parecer tenían los delincuentes sobre el lugar exacto y la envergadura del botín, aportaban todos los datos precisos para que la más pequeña investigación sobre el entorno de la víctima, fuera suficiente para descubrir a sus posibles autores y seguir la pista al tráfico de unos objetos únicos y muy difíciles de camuflar. Pero nada de esto se hizo ni tan siquiera se intentó.

La policía acudió al domicilio siniestrado con un protocolo a cumplir tan ineficaz como desganado, que siguieron sin interés, cumpliendo con unas medidas protocolarias que, de antemano sabían, no iban a dar ningún resultado. La actuación de los agentes de policía se limitó a hacer preguntas generales de identificación personal, del momento en el que se había descubierto el delito y a sacar unas cuantas fotografías con las que adornar un escueto informe que muy pronto pasaría a dormir el sueño de los justos en el cajón correspondiente. En la escena del delito había huellas personales repartidas por toda la habitación, en los botes vacíos de cerveza y cocoa cola que, solo a requerimiento mío, fueron contemplados con desgana por una policía denominada científica, —extraño nombre para designar a quienes ignoran cualquier tipo de señales o posibles pruebas y mantienen un escaso diálogo con los afectados— que, de entrada, no tenía en su ánimo adoptar ninguna medida para el esclarecimiento de unos hechos que no le iba a ser exigido. Durante el escaso tiempo que permanecieron en la vivienda, mantuvieron actitudes vagas y distantes, pronunciaron, con desgana palabras neutras con las que no se quiere decir nada, ni mantener ningún compromiso con la víctima, con el visible convencimiento de que se trataba de un robo más de tantos que hay en Madrid, al que no se iba a dedicar el más mínimo esfuerzo, que nunca se iba a investigar y, por tanto, a resolver.

Todo eso es lo que yo vi, lo que percibí de los contactos que mantuve con aquellos supuestos guardianes del orden público, se-

guidores de las reglas de un trabajo ficticio, que, de antemano saben que no dará frutos, porque nada se hará para ello. Una quiebra
total de confianza se produce entonces en el observador atento a la
escena, testigo de unas gestiones puramente formales e inútiles con
las que cubrir un expediente, que, tal vez, solo iba a servir para que
esos guardianes del supuesto orden, justificaran alguna hora de su
ineficaz trabajo para aportar datos con los que hacer estadísticas de
la delincuencia en Madrid, o para comparar el modus operandi de
unos y otros robos recientes, estableciendo una hipótesis acerca de si
se trata de una banda organizada del este, o más bien es obra de aficionados latinos o nacionales. Esos supuestos guardianes del orden
no muestran el menor interés en la posible investigación del caso
concreto, no intentan un mínimo diálogo con las víctimas, que probablemente saben de personas cercanas a las que poder interrogar.
Un pequeño interrogatorio en este caso, habría bastado para la resolución del asunto que estaba preparado para ir a tiro hecho. Pero no,
ahí no quieren llegar, no tienen instrucciones para ello, no es el protocolo que deben seguir. Que el delito quede impune es lo de menos,
con eso ya se cuenta, total, robos en Madrid hay muchos, y el trabajo
que ellos hacen está planificado, claramente delimitado, consiste en
visitar el lugar del suceso, preguntar cuando ocurrió, hacer alguna
fotografía, para después, archivar los datos en un expediente con el
mes y año concretos. Eso es todo. Ya nunca volví a saber nada de
estos guardianes del orden. Después lamente muchas veces mi falta
de beligerancia para con ellos.

La víctima resultó muy afectada, le había ocurrido precisamente
aquello que siempre había temido, que le robaran los objetos que
había guardado con fervor, pero también con mucho temor a que
alguien, en algún momento, se los pudiera arrebatar. Su gran temor había tomado cuerpo, se había hecho realidad. Todas sus joyas
habían desaparecido en un acto revestido de gran parafernalia, con
una peculiar puesta en escena. Nada podría ya ser recuperado, no

volvería a ver ninguna de sus queridas joyas, algunas de ellas, piezas únicas, perfectamente identificables, que, sin embargo, se perdieron en los oscuros canales de distribución, seguramente conocidos por los guardianes del orden, pero que no fueron convenientemente vigilados a fin de poder identificar y recuperar los objetos sustraídos.

Yo acudí en dos ocasiones a la sede de la policía nacional para poner la denuncia. El ambiente de la oficina me pareció rudo y muy protocolario. La primera, fue el mismo día del siniestro, con los datos de los que en ese primer momento de confusión disponía. La segunda, dos días más tarde, donde acompañaba lo que se me había pedido en la anterior, una relación de los objetos robados que yo podía recordar y su descripción, acompañado del valor que yo presumía debía tener cada uno de ellos. Todo a petición del agente de policía que cumplía con el protocolo general, pero sin transmitirme el convencimiento esperado de que fueran a realizar una actuación investigadora al respecto. Al igual que la denominada policía científica, no formularon preguntas al respecto, ni en cuanto al entorno de la casa, ni menos aún en relación con el de la víctima. Ningún dato que individualizara este suceso respecto de otros que se hubieran podido producir. A lo más que llegarían –pensé–, es a revisar las bandas ya conocidas de esta clase de delincuentes para determinar una mayor o menor incidencia en sus estadísticas de delincuencia en Madrid, pero sin la menor intención de investigar el asunto concreto. Comprobé entonces, con estupor, que esta conducta no escandaliza al ciudadano, acostumbrado como está a que la gran parte de las instituciones de su sociedad no funcionen cuando se trata de protegerles y que solo sea un mecanismo más para aumentar la burocracia, sin requerir de ellas una efectividad en la función que les ha sido encomendada. Esto se da por supuesto sin protesta alguna, con el conformismo y convencimiento de que las cosas son así. Yo también me conformé.

Cuando varios meses más tarde, tuve oportunidad de visitar alguna de las exposiciones que la policía nacional organiza para mostrar su eficacia en la recuperación de objetos robados, pude comprender aún con mayor claridad, que aquellas joyas jamás aparecerían. Todos los objetos de la exposición eran piezas de escaso valor económico, reproducidas mil veces sobre las mesas que las sostenían, nada de interés ni de verdadero valor había allí, donde solo llegaba lo vulgar, la calderilla, lo insignificante, ¿Dónde estaba lo importante? Tenía que haberlo, alguna vez la policía tendría que haber tenido un golpe de suerte, un hallazgo de importancia, un botín de la envergadura del que le robaron a ella. Pero no, eso no formaba parte de las exposiciones que yo visité, todas ellas muy similares en sus contenidos. Salí de allí más abrumada y con mayor recelo del que tenía antes de entrar, después de pasar unos controles exagerados para poder acceder a lo que era el resultado de una investigación y requisa policial. Esa era- me dije- la sociedad a la que yo pertenecía, a la que tal vez había contribuido, en la que vivía y a la que tendría que seguir respetando, aún a sabiendas del escaso funcionamiento de sus instituciones, sobre todo, de aquellas establecidas para protegernos. Sentía una gran indignación a la vez que un creciente desapego hacia aquello en lo que se supone debemos creer y confiar, a pesar de lo cual, no me planteé otras posibilidades de actuación que, después, cuando ya era tarde, pensé que podía haber intentado.

Pero vuelvo a la escena del robo porque, más allá de cualquier ineficacia policial, lo que esa escena revelaba era un verdadero regodeo y festejo de la acción que se estaba perpetrando allí, donde se bebía y se fumaba a placer, mientras se preparaba con tranquilidad la voladura de la caja fuerte con soplete. La casa entera estaba vacía, la huida de los habitantes de Madrid en la Semana Santa se hacía patente y el delito se consumaba lentamente y a placer, en forma de orgía. Todo era posible aquella noche de primavera en la que todo les estaba permitido a los delincuentes. No había límites, porque no había nadie alrededor, y, seguramente, porque el lugar les era conocido. Sabían el punto concreto y la habitación donde debían trabajar y llevaban las herramientas necesarias para hacerlo. Imagino con exactitud la escena en la que se manifestaba aquella excitación humana que emitía voces y sonidos, que pronunciaba palabras y articulaba frases en un idioma concreto: ¿En búlgaro?, ¿en rumano? ¿tal vez en español con acento latino? o ¿en castellano puro y duro? Nosotras no podíamos oírlos, a pesar de no encontrarnos muy lejos de allí. Ellos sabían a lo que iban, conocían el lugar exacto donde estaba el botín, el dormitorio de la señora, lo demás no interesaba. Se centraron en un único espacio, en el que resuenan voces cada vez más altas de regocijo y alborozo al hacer saltar la puerta de la caja fuerte en medio de la abundancia de cartones y papeles quemados por el suelo. Voces que van subiendo de tono, gritos de admiración y placer al ir apareciendo, una tras otra, las soberbias joyas familiares. Gestos de exaltación y deleite en la contemplación de las piezas, placer animal y bacanal de los sentidos al mirar a la luz la pureza de los diamantes, el verde de las esmeraldas, el rojo de los rubíes, el brillo del oro o el oriente de las perlas. Estaban borrachos de placer y vociferaban a gusto, sin límite de tiempo. El delito se consumaba lentamente, en forma de orgía. La aparición de la pulsera tejida con rubíes y diamantes, en geométricos dibujos, provocó una expresión de pasmo e incredulidad en los rostros de los delincuentes, quienes, algunos instantes después, daban alaridos de placer al contemplar el excelso medallón de delicado relieve central en marfil, rodeado de grandes brillantes montados en platino, al igual que la cadena de la que cuelga; la impresionante esmeralda o el imponente broche en forma de mariposa que no puede dejarse de mirar, una pieza antigua, heredada a través de varias generaciones, hasta llegar a esa noche criminal, en la que unas sucias manos la agarraron con lascivia y la echaron a la infame bolsa del botín. Ellos tampoco podían creerlo y así, fumando y bebiendo a placer, iban engrosando esa bolsa más aún de lo que pensaban, con aquellas joyas de gran valor y diseño irrepetible, que representaban los momentos de esplendor de una vida, la de la víctima, que no pudo resistir la comprobación de su gran temor hecho realidad.

Han sido muchas las veces en que me he representado aquella escena criminal que trastocó nuestras vidas, la suya, para arranársela de cuajo, la mía, para infundir en ella toda la ira, la desconfianza y el rencor que dañan el alma humana, que quedó tocada durante mucho tiempo, porque el asunto del robo me marcó en una época especial, y, tras el impacto inicial, la desconfianza que me produjo la forma de actuar de los guardianes del orden y la obsesión por descubrir a sus autores se apoderaron de mí. Seleccioné cuatro posibles focos de autoría, solo uno de los cuales tenía capacidad para haber podido actuar directamente. Los otros tres, habrían servido como intermediarios de otros para su ejecución. Reflexioné largamente sobre las probabilidades de cada uno, sin poder llegar a una sospecha más concreta. Mi entorno, que compartía la opinión unánime sobre la cercanía de los autores, coincidía en apuntar hacia una de las posibilidades, que yo, sin embargo, no compartía. Hablaba con los sospechosos sobre el asunto, para observar sus reacciones, sus posibles disimulos, palpaba las opiniones que unos tenían de los otros. Miraba sus fotografías en redes sociales, para comprobar si, por descuido, alguien portaba alguna de las joyas que podían pasar más desapercibidas, pero claro, esta era una posibilidad remota. Nada pude sacar en limpio. Dos de las cuatro personas sospechosas, se fueron alejando de mi entorno y las otras dos, respondían y actuaban igual que siempre. Era muy difícil la elección del autor. Podría ser cualquiera. Solo un interrogatorio policial a su tiempo podría haber dado fruto, pero este, no se hizo, ni siquiera, se intentó.

El recorrido de la víctima fue otro. Tras el primer impacto, en que estuvo a punto de morir por una subida de azúcar casi incompatible con la vida, entró en un estado, primero de abatimiento, y después, de voluntario olvido de lo que había sucedido. No volvió a hablar del tema, como si nunca hubiera ocurrido, pero su salud se resintió de inmediato, iniciando un irreversible proceso de declive y desintegración, que, a los pocos meses, acabó con su vida. Entonces, acumulé más rencor y decidí llegar hasta el final.

Después de la policía aparecieron los empleados del seguro, al que también se había dado parte del siniestro. Eran dos hombres. El más veterano de ellos exhibía una faz siniestra, muy adecuada al trabajo que debía realizar. Sus preguntas eran precisas y capciosas, las apropiadas para sorprender a la incauta víctima con afirmaciones que después pudieran ser utilizadas en su contra, con el objeto de que la aseguradora pudiera evadirse de reparar el daño causado y asegurado con ella durante muchos años de pago de la prima del seguro. Aprendí mucho de la adiestrada actitud del empleado de la compañía aseguradora, siempre precavido en sus manifestaciones, hablando muy poco, pero tratando de sacar la mayor información posible del suceso, siempre con una finalidad en su mente, la de evitar el pago de la indemnización, o, en su caso, la de hacerlo en la menor cuantía posible. Porque en eso consistía precisamente su trabajo como empleado de la entidad, en lograr que el pacto suscrito con el asegurado no alcance efectividad cuando se produce el siniestro. Y para ello utilizan una serie de triquiñuelas, hábilmente ejercidas, mediante las que se oponen rotundamente a indemnizar. Le acompañaba un perito de la aseguradora que sacó fotos de la escena del crimen, de la caja fuerte calcinada y de la puerta de entrada a la casa, aunque ninguna del resto de la casa, ni de los posibles objetos de valor que pudieran existir en ella, como cuadros, alfombras u otros. Este, es un dato importante a tener en cuenta para comprobar la falsedad de lo que después alegaron. Sin embargo, sí se percataron de la envergadura del robo de las joyas y desplegaron todos sus conocimientos y experiencia adquiridos en el desarrollo de siniestros anteriores para obtener el mayor beneficio posible en favor de la empleadora. Ahí comenzó un camino largo y tortuoso, plagado de mensajes y comunicaciones ambiguas y contradictorias para despistar a la incauta víctima que finalizó, como era de esperar, con el pago de una cantidad muy inferior a la que el contrato de seguro les obligaba. Todo ello, después de haber probado, sin éxito la primera de sus opciones, que fue la de rechazar de plano el siniestro, con el argumento de que la casa, en el momento del robo y durante varios días, había estado desocupada.

Por mis conocimientos jurídicos, era consciente de que pedir una cantidad, en la que yo cifraba el valor de lo sustraído, no tenía recorrido, habida cuenta de que debía probarlo y eso era muy difícil. Además, el valor de esas joyas se deprecia en el momento de querer venderlas. Por tanto, acepté el valor que la propia aseguradora fijó como indemnización, una vez que analizó la lista de objetos de valor presentada ante la policía. De manera que, la disputa con la aseguradora no se centró nunca en valores distintos sobre el importe de lo sustraído, sino en el que la propia aseguradora había estimado como indemnización por el daño sufrido, que acepté en su totalidad sin discutirlo. Pero, aun así, esta se negó pagar esa cantidad.

La primera respuesta de la compañía declinando toda su responsabilidad en el siniestro, no cuajó cuando se le presentaron toda la documentación y los argumentos demostrativos de que sus afirmaciones y razonamientos eran inciertos. Entonces, la aseguradora cambió de estrategia, haciendo una primera oferta económica por una cantidad irrisoria, que, igualmente fue rechazada por nuestra parte. Después de otras dos ofertas económicas, muy por debajo de lo que debía cubrir su obligación, la tercera, fue la definitiva y de ahí no pasaron. Fue entonces cuando, solo en esta última oferta -y no en las anteriores-, transcurridos ya cinco meses desde la fecha del siniestro, se les ocurrió una nueva razón para no resarcir en su integridad los daños causados, y por vez primera, dijeron que había un infraseguro de la vivienda siniestrada, lo que les permitía aplicar una penalización, es decir, un descuento en la indemnización a pagar de nada menos que el 50%. Yo les discutí ese argumento, primero por la razón evidente de que nunca antes habían alegado tal circunstancia durante los cinco meses que habían transcurrido desde la fecha del robo, lo que evidenciaba que solo se trataba de un recurso in extremis para no indemnizar en la cuantía debida. Pero, además, porque la existencia de ese supuesto infraseguro de la vivienda era una cuestión totalmente incierta, que tendría que demostrar la aseguradora que lo alega, lo que no podría hacer en este caso. Pensaba que la actuación arbitraria del seguro era muy evidente y que estaba destinada al fracaso en el supuesto de tener que llevar el asunto a los tribunales de justicia, porque no podía probar la existencia del infraseguro que alegaba de forma tan extemporánea, después de varias propuestas anteriores en las que no se mencionaba tal cuestión. Por otra parte, en los cálculos que esta hizo para sustentar su postura, me remitió un informe en el que, de forma torpe e incomprensible, fijaba dos valores: el del contenido de la casa, donde figuraba un infraseguro del 50% y a continuación, el valor del continente, donde, por el contrario, figuraba la existencia de un sobreseguro del 52% del valor asegurado. Este informe emitido por la propia aseguradora me daba una nueva baza a mi favor, pues aún en el caso de admitirse su hipótesis, la jurisprudencia había dicho de forma clara que, en estos casos, ambos valores se compensaban, de manera que, el supuesto infraseguro, siempre quedaría compensado con el sobreseguro del continente, cuyo valor final superaba a aquél.

Durante el largo periodo de tiempo en el que discutía con la aseguradora, acudí a otras posibles instancias administrativas con la esperanza de su posible eficacia. Craso error, propio de alguien sin experiencia en estas lides. Presenté una reclamación administrativa a la que siguió un procedimiento administrativo que solo puedo calificar de surrealista, cuya actuación, confusa al extremo y extraordinariamente dilatada en el tiempo, solo ofrecía respuestas dignas de una burocracia pesada sin capacidad y sustento real para dar una respuesta razonable. Un puro espejismo vacío de contenido, un entretener al personal que no llega a ningún puerto. Al final del proceso, en el que se había invertido tiempo y esfuerzo, uno se queda igual que estaba antes de empezar. No pude dejar de pensar cómo me encontraría yo en el caso de trabajar con semejante cometido y en las personas que, instaladas allí, cobraban un sueldo del estado por ejercer una función completamente inútil.

Tanto tiempo tardó en sustanciarse ese proceso administrativo inservible que, una vez que ya había llevado el asunto a instancias judiciales, transcurridos ya los periodos de una posible conciliación o avenencia ante el juez, y tras la interposición de una demanda judicial y posterior fijación de fecha para el acto de la vista, cuando yo ya me había olvidado del procedimiento administrativo iniciado hacía tanto tiempo, fue cuando, tan solo dos días antes del previsto para la vista judicial, la administración emitió una respuesta tan poco clarificadora como la de declararse incompetente para conocer del asunto encomendado. Aquello resultaba desolador para alguien que todavía hubiera podido confiar en nuestras instancias administrativas, pero, para entonces, yo ya tenía sobrado conocimiento, porque me había informado ampliamente, del ínfimo nivel de eficacia en el que se desarrollaba la actuación del organismo.

Sin embargo, todavía albergaba cierta confianza en la administración de justicia como última instancia a la que puede acceder el ciudadano para la defensa de sus intereses. Cuando decidí acudir a los tribunales, yo contaba con cuarenta años de ejercicio de la profesión como abogada y la víctima ya había muerto, una muerte acelerada por el suceso ocurrido. Mi decisión no obedecía tanto al motivo de obtener una justa indemnización, como al deseo de hacer algo para desagraviarla, aunque ella ya no estuviera aquí y estaba convencida de que una demanda contra la aseguradora tenía necesariamente que prosperar dadas las circunstancias que concurrían en el asunto.

Tenía malas referencias de la juez a la que le había correspondido conocer del asunto. Quienes frecuentaban la jurisdicción civil -no era mi caso-, hablaban muy mal de ella. Al parecer, hacía poco que había llegado a Madrid y ya era la comidilla del entorno judicial. Nadie quería actuar en su juzgado porque resultaba imprevisible y, sobre todo, muy desagradable en el trato. Yo no la conocía, nunca la había visto, pero en uno de los cafés que son usuales entre compañeros a la salida de los juzgados, ocurrió algo que me dejó perpleja. En esas conversaciones, solía hablarse de los jueces, de su mayor o menor grado de eficacia y responsabilidad, de sus conocimientos y de su trato con los abogados, pero nunca había oído hablar en los términos en que allí se hizo acerca de esta juez, a la que calificaban de loca, de persona inestable, capaz de montar escenas muy desagradables en sala. Uno de los compañeros de profesión, perteneciente a un despacho grande, comentaba –riéndose–, que cuando algún asunto caía por desgracia en su juzgado, echaban a suertes para determinar quién debía acudir, y luego, se seguía un turno riguroso con el fin de que nadie tuviera que repetir en el siniestro juzgado. Sin embargo, no me alarmé excesivamente, porque yo tenía ya mucha experiencia en este terreno y sabía que muchas veces los comentarios de este tipo no se correspondían con la realidad, o también porque el comportamiento de determinados jueces variaba según a quién tenían delante. Todos los presentes eran más jóvenes que yo, que estaba a punto de jubilarme, y a lo largo de mi carrera profesional nunca había tenido experiencias semejantes. Pero los comentarios estaban ahí y decidí esperar a conocerla personalmente para sacar mis propias conclusiones.

Aquella mañana entré en la secretaría del juzgado con el pretexto de consultar un expediente que hacía ya mucho tiempo que continuaba sin resolverse. Quería conocer bien el espacio, el orden de las mesas, las caras del personal administrativo que las ocupaba. Escuchaba las conversaciones banales que mantenían entre ellos, ajenos al desasosiego y a los sufrimientos que causaban el contenido de los documentos que manejaban cada día con indiferencia y hartazgo. Siempre lo mismo, comunicación de diligencias de ordenación, autos de ejecución o sentencias, algunas veces arbitrarias o exentas de rigor jurídico; escritos de las partes, siempre respetuosos y temerosos ante la imagen de poder absoluto que encarna aquél o aquella a la que se dirigen, conscientes de que con su inteligente o torpe mano van a dejar escrita una orden que puede dañar o incluso arruinar una vida. Había que ser extremadamente cuidadoso con lo que se decía y con el tono en que se decía. Los términos utilizados debían ser sumisos y, sobre todo, debían ocultar todo lo que pusiera en evidencia cualquier ignorancia legal o falta de preparación de aquellos a quienes se dirigían esos escritos. Sometimiento y presunción del conocimiento necesario por parte de quien juzga eran condiciones necesarias para que un escrito de parte pueda llegar a buen término. La calidad de los argumentos jurídicos utilizados era, actualmente, lo de menos, aunque por supuesto, había excepciones. Pero por lo general, lo que primaba no eran los argumentos bien elaborados, sino los banales, los argumentos falaces de buena apariencia, y, sobre todo, aquellos que están de moda y son acuñados socialmente por el vulgo, sin necesidad de indagar en su razón ni en su fundamento legal.

De pie, con el expediente entre las manos, vigilaba la puerta de acceso al despacho la juez. No había llegado aún a pesar de lo avanzado de la hora. Se encontraba algo acatarrada, según oí comentar a los oficiales del juzgado que entraban y salían de su despacho con los escritos que le dejaban sobre su mesa pendientes de firma. Pensé que ya había transcurrido el tiempo necesario para una consulta habitual de expedientes y debía poner fin a mi presencia en aquella secretaría si no quería llamar la atención del personal, por lo que me dispuse a devolver el expediente consultado a la persona que me lo había entregado y a abandonar el lugar. Acababa de cerrar la puerta de la secretaría a mis espaldas cuando la vi venir por el pasillo, sin dudar un segundo de que fuera ella. Me retrasé conscientemente para cruzarme con ella en la zona más iluminada y poder contemplar de cerca ese rostro anguloso y cetrino con un rictus sombrío que transmitía resentimiento y encono. Era de corta estatura, muy delgada y vestía ropa de tintes muy masculinos que, desprendía al pasar un desagradable olor de acidez, como de haber vomitado recientemente. Pasó junto a mí altiva y ausente, sin detener la mirada en ninguno de los mortales circundantes. Sentí, en ese instante, una vaga sensación de repulsión ante su cercanía y pensé que su figura encarnaba para mí la representación de algo que, instintivamente quería apartar de mi lado, y, si es posible, hacer que desaparezca. Envuelta en esta desagradable sensación salí del edificio de los juzgados y respiré hondamente el aire fresco de la mañana, expulsando cada bocanada con energía, como queriéndome quitar de encima cualquier rastro de contaminación. Estuve paseando durante mucho tiempo sin rumbo fijo, con una sola idea en la cabeza, la de si ese aspecto tan siniestro se correspondería con la realidad de su actuación tal y como había oído decir.

Después de esta primera impresión había comenzado a inquietarme y a sopesar las posibilidades que tenía de ganar el asunto con ella. Repasé mentalmente los hechos en que se basaba mi demanda y los sobrados argumentos jurídicos que la avalaban. No había ninguna razón, en principio, para que el planteamiento de la misma, pudiera desencadenar su rechazo, ni una reacción adversa ante las razones legales en que basaba la justa pretensión, frente a la posición mantenida por una compañía de seguros que, por lo general, no gozaban del favor de los jueces, acostumbrados a comprobar los excesos que en muchas ocasiones cometían frente a sus asegurados.

Pero la desagradable impresión que su imagen me había producido y los comentarios escuchados, me hacían dudar llenándome de inquietud. Me quedaba por saber si, pese a todo, aquella mujer tenía suficiente conocimiento del derecho y voluntad de aplicar la ley, porque en ese caso, la suerte estaba de mi lado.

Faltaban ya muy pocos días para el acto de la audiencia previa, que es la primera fase del procedimiento oral y me pareció oportuno acudir uno o dos días antes para presenciar otro asunto ajeno y observar el comportamiento de la juez en sala. Pero antes de comenzar el acto judicial que yo quería presenciar, la oficial del juzgado nos requirió para salir de la sala a todos los que éramos ajenos a aquel procedimiento. Era norma de ese juzgado –nos dijo– que solo permanezcan dentro los interesados y aunque no es esta la práctica habitual, puesto que son actos públicos, no me quedó más remedio que esperar a vernos las caras el día señalado para mi audiencia previa.

UN RELATO EN TORNO A LA JUSTICIA

I

Hacía ya algún tiempo que Sofía sentía un prolongado cansancio, mucho desapego y hasta un cierto hartazgo por la situación en la que, desde algunos años atrás, se desenvolvía su actividad profesional. Había estudiado Derecho en la Universidad de su ciudad natal durante un tiempo ya muy lejano, el de la dictadura, donde le habían enseñado los principios básicos y fundamentales para el ejercicio de la profesión, tales como el esfuerzo en el estudio, la dedicación y la competencia.

Había comenzado su andadura con buen pie de la mano de expertos juristas de los que aprendió cuestiones esenciales, tanto en el fondo, como en la forma del derecho, con los que poder desenvolverse dentro de la práctica de la profesión. Recordaba con agradecimiento y nostalgia, aquellos magníficos alegatos –de un rigor jurídico apabullante– de algunos letrados que, en sus inicios, compartían sala con ella. Y también, algunas sentencias judiciales de quienes, tratando de hacer justicia, no escatimaban esfuerzos para que su contenido fuera fruto de un conocimiento, competencia y equidad ejemplares, tanto en sus razonamientos jurídicos, como en sus decisiones. Era una época dorada para el aprendizaje, porque bastaba asistir a las audiencias orales para comprobar el nivel jurídico de quienes intervenían. Ella había encauzado su vida profesional dentro de los principios de legalidad y justicia que le habían enseñado. Había trabajado con esfuerzo y dedicación durante muchos años como profesional Derecho, por lo que era perfecta conocedora del funcionamiento del sistema legal y judicial español. Había visto pasar por los juzgados varias promociones de abogados y jueces de variado perfil, valía y formación, hasta llegar a la situación actual en la que se encontraba, donde todo había cambiado y casi nada era ya reconocible.

Durante las cuatro décadas que había dedicado a este oficio había podido comprobar, cada vez con mayor estupor, la evolución en la forma de pedir e impartir justicia. En la facultad de derecho provinciana le habían enseñado el valor de la ley, cuya primacía no se podía obviar si no era a través de su derogación y sustitución por otra distinta; y también, que un conocimiento pleno y un estudio concienzudo de la misma era esencial para el correcto ejercicio de la profesión y, por supuesto, para el desempeño de la importante función de administrar justicia. Pero ninguna de estas premisas básicas se hacía ya reconocible ni necesaria hoy, en una sociedad más avanzada, donde era habitual comprobar el grosero retorcimiento de una ley indeseada por quien debe aplicarla, cuando no, que su evidente desconocimiento, condujera simple y llanamente a su inaplicación.

Las formas del discurso legal también habían cambiado sustancialmente y, por supuesto, su contenido, desde la inicial exigencia de un rigor esencial en su construcción, bien argumentado y asentado en sólidas bases legales, hasta llegar, en la actualidad a la admisión de disertaciones simples y groseras, que poco o nada tenían que ver con el tratamiento de una cuestión legal. Cualquier soflama cabía hoy admitir en el foro con tal de que esta respondiera a la línea y los postulados de quienes dirigen el sentido de la opinión pública que debe imperar. También el grado de incompetencia y la falta de estudio de quienes desempeñaban el oficio se había llegado a hacer tan patente, que desconcertaba comprobar cómo se podía haber llegado a esta situación de retroceso, donde el bagaje jurídico y el esfuerzo personal empleado en el conocimiento de las leyes eran elementos poco determinantes para el éxito en el ejercicio de la profesión de abogado o de juez. Eran otros los valores que ahora primaban, como agilidad en la gestión, saber moverse en determinadas instancias y, sobre todo, participar de los postulados y opiniones que venían impuestos desde fuera.

La degradación había sido paulatina, desde aquel tiempo en el que la preparación jurídica de algunos abogados y jueces eran modelo a seguir, a través de la asistencia a sus intervenciones o de la lectura de algunas sentencias, hasta llegar a la escena de hoy, en la que algunos jueces recién llegados se movían en el más puro desconocimiento de la ley, dictando sentencias inadmisibles. Otros, conscientes de su desconocimiento en las cuestiones legales que tenían que resolver, le pedían ayuda sin ningún tipo de pudor, para inmediatamente después, comprobar atónita, el ascenso fulminante de esos mismos jueces a otras instancias superiores, donde tendrían que resolver –sin saber cómo–, esas mismas cuestiones, pero en un ámbito de decisión superior. El cambio operado en el sistema era pues demencial y nada parecía indicar una vuelta atrás en la exigencia de valores tales como el esfuerzo en el estudio para una correcta aplicación de las leyes, tal y como le habían enseñado a ella.

II

Laura, caminaba deprisa, con un movimiento rítmico que resultaba natural en ella. Entraba y salía de los juzgados subida en altos tacones y una pesada cartera que llevaba sin dificultad alguna. Era joven y atractiva, sin que en ningún momento hiciera gala de ello. Su carácter abierto y su agradable trato, componían esa agradable imagen que alegraba encontrar a diario. De personalidad poco compleja, había llegado a la profesión sin ninguna clase de complicaciones. Era hija de una acomodada pareja de profesionales todavía jóvenes, que había dado a sus hijas una educación bastante liberal en principios y costumbres. Gozaba de la confianza de sus padres, por los que sentía un gran aprecio. También tenía abuelos, con los que le gustaba compartir parte de su tiempo, sobre todo con su abuela materna, que vivía en Madrid, a la que estaba especialmente unida y ponía de continuo ejemplo en todo aquello que merecía su atención. Laura era de trato fácil y si en algún momento surgía la disputa, ella, con su talante conciliador y encanto personal, sabía siempre hacer o decir lo más adecuado para evitar el posible conflicto. Aunque carecía de una sólida formación jurídica, su concepto de la justicia era concreto y utilitario, adaptado a la situación particular que tenía delante, sin plantearse grandes cuestiones ni valorar posibles efectos colaterales o consecuencias de su actuación. Carecía también de esa actitud de reverencia y reconocimiento hacia la autoridad de los miembros de la institución judicial, de la que habían sido imbuidas generaciones anteriores a la suya, por lo que no tenía remilgos a la hora de expresar sus opiniones o críticas ante aquellos que tenían el poder de decidir sobre los demás, sin importarle las consecuencias que de ello se pudieran derivar y aplicaba su propio concepto de la justicia en cada situación que consideraba justa. Impulsiva muchas veces, sabía sin embargo retroceder cuando era necesario, pero, además, Laura tenía una gran cualidad, la de saber escuchar y aprendía mucho de ello. Se movía con enorme facilidad en los ámbitos jurídicos y judiciales de la época, sin que hasta el momento hubiera sufrido traspiés alguno, lo que le daba confianza y una cierta seguridad en su forma de proceder. Laura era ante todo una mujer práctica, con gran empatía personal y muchos amigos con los que poder compartir su vida de forma agradable y sin complicaciones. No tenía, por el momento, ninguna relación seria y miraba el futuro con agrado y confianza. Tampoco era ambiciosa, ni había sufrido ningún revés de importancia para su estabilidad personal. En definitiva, Laura era una mujer de su tiempo, que parecía ir siempre a favor de la vida y ésta se mostraba, en consecuencia, generosa con ella, evitándole toda esa clase de disgustos y contratiempos que padecen la mayoría de los mortales. Por supuesto que despertaba recelos y algunas envidias, en los que ella procuraba reparar lo menos posible para no resultar vulnerable. Trabajaba en un pequeño despacho de Madrid, donde era muy apreciada, ocupándose de variadas cuestiones en los ámbitos de las jurisdicciones civil y social. Fue en esta última en la que conoció y pudo entrar en contacto con Sofía.

Ambas habían coincidido en varios juicios, enfrentadas en sus posiciones y a Sofía le había gustado la frescura y el desenfado con los que la joven exponía sus pretensiones, siempre despojadas de todo elemento de artificio o falsedad que podía observar en otros abogados. Ella decía simple y llanamente lo que quería y por qué lo quería, explicando claramente la pretensión que ejercitaba, sin enredarse en valoraciones de justicia o requerimientos impuestos por la ideología dominante en la sociedad actual.

A pesar de tener los resortes adecuados para desmontar los sencillos argumentos de la joven, Sofía no los utilizaba nunca en su contra, si comprendía que había razón en lo que aquella defendía con simpleza. Este proceder no le pasaba desapercibido a Laura, que había visto actuar a Sofía en otros juicios, en los que la sorprendía ver con que maestría iba desmontando los argumentos de su contrario, cargándose de razón a medida que hablaba, hasta llegar a convencer algunas veces, no solo al juez, sino incluso a su oponente. Sabía mucho aquella abogada mayor –pensaba Laura–, admirando

123

su forma de actuar, con tanto rigor y precisión en sus exposiciones. Se le notaban los años de experiencia, pero también el estudio y el esfuerzo que ponía en defender bien los asuntos que llevaba, que eran muchos.

Las dos letradas comenzaron a saludarse cuando coincidían en algún juzgado y más tarde, a intercambiar algunos comentarios en tono jocoso sobre sucesos cotidianos acaecidos durante el ejercicio de su función. A pesar de sus ostensibles diferencias, ambas se demostraban simpatía y mutuo aprecio personal, hasta que un día, a la salida del juzgado, la joven, con su habitual naturalidad y desenfado, le planteó a Sofía una cuestión legal que no sabía bien cómo resolver. Esta, la escuchó con agrado y tomaron su primer café juntas hablando de las cuestiones jurídicas que planteaba el asunto de Laura. La diferencia de edad que las separaba no supuso obstáculo alguno para que su amistad fuera creciendo y era frecuente verlas juntas a la salida de los juzgados, solas, o en compañía de otros compañeros, donde siempre había temas comunes que compartir y opiniones que intercambiar. Así fue como se fraguó una relación de amistad muy estrecha entre las dos letradas protagonistas de este relato.

III

La juez se miró al espejo y por primera vez no pudo resistir la imagen que este le devolvía. Un rostro afilado y cetrino, hundido hasta lo más profundo de sus cavidades, en el que sobresalían unos achicados ojos pardos sin brillo y sin vida; una nariz demasiado prominente, y unos labios ya casi inexistentes, contraídos en un rictus de amargura, ocultaban una dentadura prematuramente envejecida que no quiso contemplar. Era ciertamente una imagen desalentadora que evitaba reconocer como suya.

¿Habría sido siempre tan desagradable? o, ¿quizá ese rostro de hoy era solo el resultado de lo que había sido, como le había sucedido al retrato de Dorian Gray? La duda la atormentaba y en un gran esfuerzo de memoria volvió la vista atrás, hacia un tiempo de su infancia, en el que no tenía clara conciencia del bien y del mal y donde la rivalidad con sus hermanas había empezado a amargarle la vida. Ellas eran más desenfadadas y extrovertidas, algo simplonas, desde su punto de vista, pero carentes de esa rabia y resentimiento que, desde muy temprano había comenzado a apoderarse de ella. Tenían facilidad para mostrarse tal como eran, sin dobleces ni segundas intenciones y pronto empezaron a destacar de una manera natural en sus aptitudes para aquello que las atraía. Su evolución se produjo de manera fácil y rápida. La suya, en cambio, era lenta y a trompicones, marcada por una especie de retraso en el aprendizaje al que nunca pusieron nombre, pero que en comparación con el de sus hermanas, la colocaba en un lugar secundario, casi inexistente.

Su padre era un modesto comerciante que, según decía, había tenido una vida difícil como vendedor ambulante, hasta que a principios de los años sesenta había podido establecerse con una pequeña tienda de comestibles de la que vivía la familia. Su madre trabajaba unas horas en una gestoría propiedad de un pariente suyo, hasta que los beneficios de la tienda familiar resultaron suficientes para ampliarla y montar un pequeño supermercado en un barrio popular de Madrid.

A diferencia de sus hermanas, a ella no le gustaba la ocupación de su padre, que consideraba de poco relieve social, en comparación con otras que tenían los padres de algunas compañeras de colegio, a las que ella envidiaba en secreto y a las que ocultaba la actividad comercial de su padre, sobre todo al principio, cuando no era más que una humilde tienda de alimentación, en la que se le podía ver con un mandil de rayas verde y negro despachando a la clientela.

De carácter taciturno y reservado, siempre estaba al acecho de la demostración de alguna diferencia en favor de sus hermanas. ¿Vas a dejar a Teresa ir a la excursión del colegio? Le preguntaba ansiosa a su madre con la esperanza de que le dijera que no. ¿Vas a comprarles vestidos nuevos para la boda del primo? Las respuestas solían ser en su mayoría positivas, y ella sufría en silencio cada vez que sus hermanas disfrutaban con las pequeñas cosas que se les ofrecían. Todavía recuerda con gesto contraído aquella visita de unos parientes del pueblo de su madre, que, con la sinceridad y torpeza propia de los catetos alabaron primero la belleza de Azucena y la inteligencia de Tere, para quedarse después, con cara de tontos, parados ante ella, incapaces de resaltar alguna cualidad visible. ¿Y esta pulga es la pequeñaja no?, fue cuanto dijeron.

En el colegio, su rendimiento escolar era muy escaso, siempre por debajo del de sus hermanas, que, sin ser lumbreras, sacaban unas notas suficientes como para superar sin problema todos los cursos. Su hermana Azucena tenía además una bonita voz. Cantaba en el coro escolar y a veces la profesora de música le enseñaba a tocar el piano. Cuando terminó el colegio dijo que quería estudiar solfeo y aprender a tocar algún instrumento. La admitieron en el conservatorio y allí conoció a Jacinto, con el que decidió compartir jardín y música.

De Teresa dijeron que era muy inteligente y que ese talento no podía de ninguna manera desperdiciarse, que debía hacer una carrera de las difíciles, y ella se decantó por la arquitectura, donde al parecer era una destacada alumna que nunca tuvo que repetir curso y que finalizó sus estudios con un proyecto que fue elegido como modelo a seguir. Pronto empezó a trabajar en un estudio y decían que era buena en lo suyo. A ella le disgustaba tanto éxito.

Pero el entorno familiar no fue, sin embargo, el que más desazón le produjo. Ésta vino de la mano de Alicia, una compañera angelical, por la que sentía gran atracción, a la que deseaba aproximarme para gozar de su sola y única presencia. Era una niña dulce y soñadora, sin recelo hacia su entorno y dispuesta a ser su amiga incondicional. Le gustaba mucho inventar historias que siempre acababan bien y adornarlas con dibujos de seres tan angelicales como ella. Ella encontraba un extraño placer diciéndole que la realidad no era nunca así y le introducía algún elemento extraño que distorsionaba su historia haciéndola más verdadera. Jugaban mucho en un parque cercano al colegio y en alguna ocasión la convenció para no entrar a clase y poder disfrutar así de más tiempo para estar juntas. Ella solo pensaba en el momento de encontrarse con su amiga y en las cosas que iba a decirle para sacarla de su mundo ideal hasta que Alicia se ponía a llorar. Entonces ella la consolaba y la abrazaba, diciéndole que iba a estar siempre a su lado para protegerla. Durante algún tiempo fueron inseparables, hasta que la familia de Alicia consideró que ella no era una buena influencia para su hija y la trasladaron de colegio con la clara intención de apartarla del peligro que su amistad suponía.

Le costaba mucho estudiar, y más aún desde que Alicia había abandonado el colegio. Siempre iba con retraso respecto a la mayoría de sus compañeras y las quejas de los profesores a su familia eran continuas, por lo que antes de terminar los estudios su padre le propuso quedarse con él a trabajar en el negocio familiar. Así –le decía– alguna de las tres lo heredaría y no se perdería todo su esfuerzo. La negativa fue rotunda. Ella quería también hacer una carrera, a pesar de que nada llamaba su atención y no destacaba en ninguna materia. Las ciencias le resultaban inalcanzables y las letras poco atrayentes. Después de unos cuantos años logró superar, sin ningún convencimiento y con enorme apatía, la prueba de acceso a la universidad. Sin vocación alguna escogió la carrera de Derecho, con la esperanza de poder finalizarla al tratarse, según le habían dicho, de una de las de menor exigencia. Después de ocho años en esa facultad, en cada uno de los cuales mostraba un mayor grado de desinterés, obtuvo el título de licenciada en Derecho.

Ahora había que elegir un medio de vida y como el ejercicio de la profesión, para el que se necesitaba habilidad y destreza no era de su agrado, decidió opositar. A fin y al cabo la tarea de estudiar ya le era conocida y así podría alargar su entrada en un mundo laboral que no le interesaba en absoluto. Ella quería una oposición facilita, de pocos temas y muchas plazas en oferta, pero un vecino suyo, que trabajaba en una academia de oposiciones, le dijo a su padre que era el momento idóneo para preparar judicatura, que había una necesidad apremiante de jueces, que se iban a ofertar muchas plazas, y que, debido a esa necesidad imperiosa, se estaba rebajando considerablemente el nivel de exigencia. Sus padres vieron entonces el cielo abierto ante la posibilidad de que la menor de sus hijas, con escasas aptitudes, pudiera acceder nada menos que a la condición de juez, con todo lo que ello implicaba de poder y reconocimiento social. Y así comenzó una preparación, con cierta apatía por su parte, pero también con un enorme atractivo para el caso de llegar a conseguir entrar en ese colectivo, donde podría utilizar como quisiera ese poder que podía llegar a tener en sus manos y desquitarse de una vez por todas de tanta humillación. Hacer lo que el cuerpo y su mente le pidieran y considerase oportuno. Tener la posibilidad de intervenir en la vida de otros según sus propios criterios y apetencias. No podía haber nada más placentero y gratificante.

En la academia de preparación había mucha niña dócil y mona, algunas, eran hijas de jueces o de abogados que habían sido oportunamente aconsejadas por sus padres para hacer algo de prestigio sin la clase de esfuerzo que otras alternativas exigían. Y pese a que los intereses y las conversaciones de las opositoras parecían estar en lugares muy alejados al de la función que iban a desarrollar, la mayoría de ellas aprobó la oposición sin esfuerzo durante los dos primeros años. Ella tardó cuatro insoportables años en convertirse en juez, durante los que también la hicieron sentirse inferior, sin cualidad alguna para destacar socialmente, ni siquiera para formar parte de una medianía como aquella que la rodeaba. Después realizó con bastante dificultad las consabidas prácticas en la Escuela Judicial, y por fin salió, muy enfadada con el mundo a ejercer su particular concepto de la justicia.

Muy pronto alguien le aconsejó incorporarse a una determinada asociación que le brindaría protección y total libertad en el ejercicio de la profesión, y que, además de promocionarla la blindaría ante cualquier posibilidad de ataque personal por posibles errores y deslices cometidos en el ejercicio de la función. No lo pensó ni un momento y de inmediato se incorporó a esa asociación para poder ser ella misma y mostrarse como tal, amparada como iba a estarlo por un poder que blindaría su actuación como juez. Eso es lo que más la atraía de todo, sentirse blindada y protegida como no lo había estado nunca y quien sabe si alguna vez podría poner su granito de arena, y mandar a prisión a algún destacado indeseable. Incluso podía llegar a hacerse famosa, como ya les había sucedido a otros jueces, que habían adquirido poder y notoriedad dentro de una sociedad que los admiraba como verdaderas estrellas cada vez que entraban en acción. Leía con avidez las noticias que publicaban los periódicos sobre las hazañas llevadas a cabo por alguna de esas rutilantes estrellas judiciales, que irremediablemente todavía eran siempre varones. Le apasionaba toda esa parafernalia y los golpes de efecto especial que utilizaban en alguna de sus operaciones, a las que además se ponía un nombre sonoro y fácil de recordar, para que quedara bien gravado en la memoria colectiva, igual que el de su autor.

Cuando se incorporó a su primer destino como jueza de primera instancia e instrucción en un pueblo de Canarias -uno de los últimos de la lista que se ofrecen a los recién ingresados en la carrera judicial-, el mundo se le vino encima. Estaba lejos de su casa, sola, en medio de un mundo extraño cuyas costumbres no entendía; sin ninguna cualidad personal que la hiciera merecedora de aprecio o ayuda y lo peor de todo, sin la capacidad necesaria para desenvolverse en el ejercicio de la función que la había llevado hasta aquel lugar. Lo pasó mal durante esa primera etapa de su vida profesional, pero más tarde pudo dar el salto a unos pequeños juzgados de la península, hasta que la escasez de jueces y su continua rotación, le habían permitido llegar a Madrid. Ahora ya sí que podía enorgullecerse y mirar por encima del hombro a los demás, ejerciendo su poder de la manera que le viniera en gana.

IV

Existía ya mucha confianza entre ambas mujeres, cuando Sofía hizo partícipe a la joven Laura de todo lo que había sucedido desde que se produjo ese robo que le tocaba tan de cerca. Una soleada mañana a la salida de los juzgados, mientras tomaban café, Sofía le habló a su amiga de sus inquietudes y temores acerca de este asunto que le afectaba mucho. Se mostró ante ella insegura, desconfiada y muy vulnerable ante lo que pensaba que podría suceder.

—No se trata de una cuestión económica –le dijo–, sino de algo que va mucho más allá: un resarcimiento simbólico por el daño sufrido, por el impacto y la tristeza que ese desgraciado suceso produjo en la vida de la víctima, que, sin duda, aceleró su muerte. Una especie de compensación ante la desagradable comprobación de la ineficacia de las instituciones que supuestamente nos protegen, desde la policía, a otras instancias administrativas. Si ahora, también me falla la justicia en la aplicación de la ley, a cuyo servicio he dedicado toda mi vida profesional, sería una especie de confirmación de que poco han valido la pena mí esfuerzo y mis convicciones. Y precisamente ahora, cuando está próxima mí jubilación, no deseo irme con ese sabor amargo, con una sensación de mentira y fracaso de aquello en lo que creía. Sería un broche final infausto para mí. Necesito una confirmación de que al menos en cuestiones básicas que no están tocadas por la ideología del momento, la justicia funciona. Por eso tengo tanto miedo. No confío en absoluto en lo que pueda suceder, a pesar de tener toda la razón.

Tal y como Sofía le estaba contando, se trataba de un robo espectacular que se había producido algún tiempo atrás en la casa de la víctima, una anciana a la que el suceso le había costado la vida. Sofía había luchado desde el principio frente a los poderes e instancias establecidas para estos casos y nada le había dado resultado. La policía científica –le dijo a su amiga–, se había mostrado del todo pasiva desde un primer momento, limitándose a hacer fotos de la puerta blindada que daba acceso a la vivienda y de la caja fuerte calcinada y vacía. No hicieron ninguna pregunta sobre el entorno más próximo de la víctima que evidenciara la posibilidad de una mínima investigación. No tenían ningún ánimo en la obtención de pruebas que condujeran a la identificación de los delincuentes. Cuando yo les indiqué que las latas de cerveza y coca-cola vacías que había por allí tendrían que tener las huellas de los autores fácilmente identificables, los agentes se miraron impertérritos, tomando con desgana una de ellas como muestra, para así acallar mis recelos sobre su actuación. La escena –continuó hablando–, contenía muchos indicios para que una mínima investigación hubiera dado resultado. Pero los agentes estaban allí con una presencia puramente protocolaria, limitada a recoger los datos necesarios para una posible estadística de la delincuencia del robo en Madrid, pero, desde luego, sin ningún ánimo de llegar a la identificación de sus posibles autores.

—El seguro, por su parte –continuó–, se había atrincherado en su férrea postura de no indemnizar, o, hacerlo en la menor cuantía posible. Primero había declinado toda su responsabilidad en el siniestro, alegando causas inadmisibles que yo les desmonté. Luego, optó por ofrecer una indemnización irrisoria, cuya oferta, obviamente rechacé y cuya cuantía fue subiendo hasta que, finalmente, decidieron recurrir a un subterfugio habitualmente utilizado por las aseguradoras -ya sabes, Laura-, alegar la existencia de un infraseguro de la vivienda, del que nunca hasta entonces habían hablado, para fijar un porcentaje de penalización que aplican al total de la indemnización fijada por la propia aseguradora para pagar menos.

—También he iniciado un proceso administrativo cuyo criterio, aunque no es vinculante, podría servir de apoyo para forzar a que la aseguradora reconsiderara su postura y se decidiera a pagar la justa indemnización. Pero por la información general que tengo, esta vía resulta poco eficaz y de escasa fiabilidad su actuación, como ya estoy comprobando en el desarrollo de un procedimiento que resulta oscuro y ambiguo, además de enormemente lento. No creo que pueda sacar nada en limpio de él.

—Por eso –prosiguió–, ya no me queda más que la vía judicial, que inicié hace casi un año, en la confianza de obtener finalmente justicia. Ya ha tenido lugar el acto previo de conciliación con la aseguradora, que se ha negado de nuevo a pagar en base a la supuesta existencia del infraseguro, por lo que el proceso judicial sigue su curso, con la asignación de un juzgado para el conocimiento y resolución del asunto.

—Pero aquí empieza lo malo: Cuando conocí el número del juzgado de primera instancia en el que había caído el asunto, quise informarme sobre su titular. Es una mujer joven, que al parecer lleva muy poco tiempo en Madrid, pero, aun así, ya es la comidilla del entorno judicial más próximo. Las referencias que me han dado de la juez son pésimas. Por lo visto, nadie quiere actuar en su juzgado porque, además de incompetente, es imprevisible y, sobre todo, muy desagradable de trato. Tú sabes –continuó diciéndole a Laura–, que yo por experiencia nunca he dado mucho crédito a las opiniones de los corrillos de abogados porque no siempre se corresponden con la realidad y también que yo he conocido a jueces de todo tipo y condición, con los que he logrado mantener siempre una relación de respeto mutuo. Pero los comentarios eran tan malos que decidí acercarme al juzgado para tener una impresión de primera mano y sacar mis propias conclusiones.

—Y aquí viene lo peor. Una mañana me acerqué a la secretaría del juzgado con el pretexto de consultar un expediente que hacía ya tiempo que continuaba sin resolverse. Esperé bastante tiempo allí, porque a pesar de lo avanzado de la hora, ella todavía no había llegado. Y cuando finalmente la vi venir, me invadió una sensación de repulsa y desasosiego que nunca había experimentado antes con nadie. Posee un rostro anguloso y cetrino con un rictus sombrío que transmite resentimiento y encono. Pero, aunque su aspecto no sea agradable, eso no justifica la reacción que su presencia me produjo, como si encarnara la representación de algo que yo quería instintivamente apartar de mí. Algo muy extraño, que no puedo atribuir más que a una intuición o premonición nefasta. Desde que la vi, tuve un mal presagio.

—Pero tú, que yo sepa, nunca has dado importancia a esas cosas –le contestó Laura–.

—Claro, y eso es lo que me inquieta, porque nunca he tenido una sensación tan fuerte de rechazo como la que experimenté en ese momento, era algo así como sentir que su proximidad solo me traería sufrimiento y pensando que tengo con ella el juicio pendiente, comprenderás mi desasosiego. También he intentado presenciar una vista en su juzgado para ver como se comporta, pero no ha sido posible, porque, a pesar de ser actos públicos, ella no deja entrar a la sala más que a los interesados en cada juicio, por lo que no he podido comprobar su comportamiento. Parece mentira que, a estas alturas de mi vida profesional me encuentre en semejante estado, tan insegura, precisamente en un asunto que, como sabes, me afecta mucho porque además, va a poner punto y final al desempeño de mi larga carrera profesional.

—Después de esta primera impresión he comenzado a sopesar las posibilidades que tenía de ganar el pleito con ella. He repasado mil veces los hechos en que se basa la demanda y los sobrados argumentos jurídicos que la avalan. No hay ninguna razón objetiva, en principio, para que el planteamiento de la misma, pueda desencadenar el rechazo de un juez, pero, el mensaje que la contemplación de su imagen me había producido y los comentarios escuchados, me hacen dudar, llenándome de inquietud e incertidumbre.

Laura escuchaba muy atenta el relato de su amiga que le caló hondo. Era la voz dolida de alguien que se siente defraudado por algo a lo que había dedicado mucho tiempo y mucho esfuerzo. Pero también era la voz del cansancio acumulado y de la desesperanza ante la posible actuación de una justicia de la que, después de tanto tiempo, había llegado a desconfiar. Se encontraba, sin duda, en un momento vulnerable de su vida. No parecía la misma, siempre tan segura y cargada de razones en su actuación ante los tribunales. Nunca la había visto así y por primera vez le sorprendía la inquietud y la inseguridad que mostraba por el resultado de un asunto que, legalmente no tenía ninguna complicación. Laura era consciente del respeto y el aprecio que los jueces, en general, mostraban por Sofía, y, además, el litigio planteado frente a una entidad aseguradora que se negaba a asumir sus responsabilidades, era un asunto que predisponía, en principio, a los jueces en favor del asegurado. Por otra parte, la imagen de competencia y seriedad que Sofía transmitía en la defensa de sus asuntos, era generalmente reconocida, por lo que sentía gran incredulidad ante la pesimista intuición de su amiga, quién le insistía en que, era precisamente por su larga experiencia profesional en el conocimiento y la forma de actuar de los jueces, por lo que creía que aquel asunto se torcería.

Aunque Laura no había conocido el pasado profesional, ni la degradación del sistema del que su amiga le hablaba en ocasiones, era conocedora del pensamiento negativo que últimamente dominaba a Sofía. Ella, por el contrario, era hija de su tiempo y se movía con otros parámetros más optimistas dentro del mundo profesional que le había tocado vivir. Pero, era tan grande e inusual el estado de preocupación de su amiga, que Laura decidió acompañarla y apoyarla en el desarrollo de aquel proceso inquietante. Lo primero que hizo por su cuenta fue palpar la opinión que existía sobre la juez en el ámbito de los jóvenes abogados del orden civil con los que ella se relacionaba habitualmente, opinión que coincidía exactamente con lo que Sofía ya le había dicho. Más tarde, presenció un juicio en su sala, donde había logrado colarse como parte interesada del pleito. Sin embargo, la primera impresión de Laura no fue tan crítica como la general, o la de la propia Sofía. La juez, parecía en efecto, una mujer insegura, de mal talante y poco agrado hacia lo que constituía el desempeño de su profesión, pero le parecía que las características del buen hacer de Sofía bastarían para que el pleito que planteaba, basado en fundadas razones legales, transcurriera sin mayores problemas. Además, que interés iba a tener aquella juez en dar la vuelta a un asunto que le daban resuelto con toda clase de argumentos legales para apoyar una decisión justa.

La visión de ambas mujeres sobre el asunto del que habían hablado varias veces era tan diferente que, o bien Laura no era todavía capaz de percibir los territorios sombríos que acechaban, o tal vez, Sofia estaba poseída por una apreciación de las cosas tan pesimista y abrumadora que le impedía contemplar la realidad tal y como era, simplemente vulgar y previsible.

V

Tal y como habían acordado, Laura acompañó a su amiga el día señalado para el acto de la audiencia previa, una comparecencia, durante la cual, ya es posible valorar una serie de circunstancias que, por lo general, van a marcar la marcha del proceso, y, donde se puede apreciar con claridad el comportamiento y el talante del juez que lo dirige y que debe decidir la controversia. Nada más comenzar el acto, la juez le planteó secamente a Sofía una cuestión de índole formal, que suponía un primer obstáculo a salvar para la continuación del proceso. No se lo iba a poner fácil aquella juez que, a todas luces, parecía querer quitarse de encima el asunto mediante una estrategia puramente formal para abortar la continuación del proceso. Sin embargo, la cuestión planteada por la juez era claramente errónea y con el mejor de los tonos que Sofía pudo encontrar para no enfadarla, le expuso las razones por las que jurídicamente y con la ley en la mano, aquella cuestión carecía de fundamento en el asunto que ella planteaba, citando preceptos legales y jurisprudencia que desvirtuaban claramente el impedimento planteado para la correcta resolución del asunto. Con mal gesto y peores ademanes escuchó la juez los argumentos legales de Sofía, a la que en ningún momento quiso mirar y menos aún establecer un mínimo diálogo con ella. Su rostro expresaba contrariedad y rechazo ante la fundada respuesta de Sofía que, aún sin pretenderlo, había dejado en evidencia el escaso conocimiento legal de la juez, quien parecía aborrecer tener que estar sentada donde estaba, es decir, en un lugar donde su misión era la de escuchar a las partes de una controversia, para después, amparada en sus conocimientos legales, impartir justicia. A aquella juez, no solo le faltaban esos conocimientos esenciales, sino también una mínima y elemental compostura en sala. La situación la sobrepasaba claramente y parecía culpabilizar a los presentes por obligarla a estar allí, en una posición que claramente le desagradaba.

La letrada de la aseguradora era una chica muy joven y algo inexperta, que estaba intimidada ante la actitud de su señoría, a la que no quería contrariar en lo más mínimo y asentía con gestos a todo lo que aquella decía. Estaba claro que la joven abogada no iba a causarle ningún problema. La amenaza en aquel momento la representaba la demandante –es decir, Sofía–, con sus requerimientos y argumentaciones, que dejaban al descubierto la falta de criterio y preparación de la juez. Además, la experiencia de muchos años de ejercicio de la profesión, imprimía una nota de seguridad y precisión en el comportamiento de Sofía que resultaba muy difícil soslayar después de tanto tiempo. Era probable que ello molestara a la juez, porque desde el comienzo, todos los asistentes al acto pudieron apreciar con claridad su abierta predisposición a contrariarla en todo. A lo largo de su carrera profesional, Sofía había podido contemplar muchas clases de jueces. Sin embargo, ninguno había logrado transmitirle tal nivel de agresividad y de injustificada hostilidad hacia alguien a quien no se conocía en absoluto. Parecía estar involucrada personalmente en el asunto y decidida a mostrar su desagrado respecto a la pretensión ejercitada y hacia cualquier cosa que dijera. Sofía no daba crédito a lo que estaba presenciando, pero esa era la realidad que tenía delante, una persona completamente ajena al comportamiento que conlleva el desempeño de su función y a partir de ese momento, comprendió que lo tenía todo perdido y que antes del desarrollo del proceso, aquella juez ya tenía clara su decisión.

A la salida del juzgado, la impresión de todos los asistentes al acto -los procuradores y abogados-, era generalmente compartida: Sofía iba a perder el pleito. Solo Laura no parecía estar del todo convencida. Dijo que había que esperar al desarrollo del juicio oral y que, al final, con todos los argumentos y pruebas presentadas, la juez se pensaría su decisión antes de poner sentencia en contra. Nadie es tan tonto como para no ver lo más evidente y discrepar solo por el afán de hacerlo.

Durante el tiempo que transcurrió entre el día la audiencia previa y el señalado para el acto del juicio oral se fue apoderando de Sofía la idea de que quizá había interpretado los hechos de una forma exagerada. Que le estaba dando una importancia excesiva al obsceno comportamiento de aquella juez, que, tal vez, se debiera solo a lo turbio de su carácter; que quizá, tuviera un mal día que había pagado con ella, pero que no había razón objetiva alguna para que se perdiera ese asunto, y que quizá –y aquí se apoyaba en la opinión de Laura–, ella viera las cosas de forma más negativa de lo que en realidad eran. Y así, día tras día se iba autoconvenciendo de que, en el acto de la vista oral, cuando la juez comprobara las razones legales que le asistían, cambiaría su actitud y la decisión sería justa. Al fin y al cabo, la función que tenía encomendada era la de impartir justicia con mayor o menor acierto, y, por muy aberrante que pudiera parecer su comportamiento, no podía imaginar que nadie en su sano juicio actuara de forma tan arbitraria sin una razón de peso para ello. Repasó una y mil veces sus fundadas alegaciones y decidió continuar en el tono más discreto posible su exposición, eliminando cualquier rasgo de superioridad que pudiera incomodar a la juez.

El día señalado para el juicio oral Sofía acudió al juzgado muy tranquila. Al comienzo de su exposición había logrado eliminar todo rasgo de posible autoridad que normalmente la acompañaba, pero, en contra de lo que había pensado en los últimos días, la actitud de la juez no había cambiado, revelándose cada vez más hostil. Continuaba sin querer mirarla, haciendo caso omiso de todo lo que decía, pero fue, sobre todo, el trato vejatorio que había sufrido su perito en la exposición de su informe pericial lo que agotó la paciencia de Sofía. Las preguntas y afirmaciones que aquella juez dirigía al perito parecían estar acusándolo abiertamente de falsedad en todo lo que este afirmaba. Sofía intentaba intervenir en la prueba pericial sin lograrlo. Quería aclarar las cuestiones que la juez estaba utilizando en contra de alguien, cuya única misión era la de sostener los datos y números de su informe pericial. Sofía, dirigió a Laura, que seguía el proceso desde el primer banco de la sala, una mirada cargada de significado y convencimiento acerca de lo que ya le había dicho con anterioridad. No cabía ya ninguna duda de las intenciones de aquella juez abominable y en la fase de conclusiones –la última del acto–, una Sofía, ya empoderada y sin temor a las represalias, fue desgranando, con cierta ironía e incredulidad lo que allí estaba pasando, todas las cuestiones que la juez había planteado de forma completamente errónea y las pruebas que avalaban su más que fundada demanda frente a la aseguradora. Enumeró las razones por las que el informe pericial del seguro no podía sostenerse, al haber incurrido, no solo en contradicciones flagrantes, sino por llegar a afirmar algo insólito, como era incluso la existencia de dependencias en la casa, que nunca existieron, y todo ello, sin prueba alguna que las sostuviera. Destacó también la diferencia sustancial en el trato procesal recibido por ambas partes, a pesar de que ella, había aportado toda clase de datos objetivos y fotografías de la casa que habían sido reconocidos de contrario, mientras que la aseguradora, se basaba en unos hechos, huérfanos de toda prueba, incluida la existencia de una dependencia en la casa de la que no aportaba una sola fotografía por la sencilla razón de que tal prueba no podía existir. El informe fue amplio y contundente, mientras la juez, que, con la cabeza baja, hacía dibujos sobre un papel porque hacía tiempo que había desconectado de todo lo que allí se decía. Era evidente que no quería escuchar, mientras que sus gestos y ademanes delataban fastidio y urgencia por que aquello terminara cuanto antes. No hubo el protocolario saludo de despedida en estos casos, porque la juez, se levantó con mucha premura y desapareció de la sala sin mirar a nadie.

Cuando finalizó el juicio, las opiniones de la procuradora y el perito fueron contundentes. Nunca habían presenciado un comportamiento tan aberrante, y estaba claro que, con toda seguridad se iba a perder el juicio. Sofía experimentaba ahora esa insoportable sensación de la que otros compañeros le habían hablado en ocasiones, la de sentir una verdadera incapacidad ante la indefensión de un sistema judicial creado para proteger los intereses legítimos de los ciudadanos, siempre que esos intereses resultaran ajustados a derecho. Fue en ese momento cuando Laura comenzó a mostrar su indignación ante una situación que le parecía incomprensible, pero poco después, había caído en un mutismo tan poco habitual en ella que Sofía atribuyó a una primera decepción.

Algunos días después, la sentencia dictada fue coherente con la actitud exhibida por la juez durante todo el proceso. Los hechos en los que se basaba el pronunciamiento judicial eran en buena parte inciertos, hasta el punto de hacer constar dependencias inexistentes en la casa, como un despacho cargado de valiosos objetos, cuya existencia resultaba esencial para fundamentar el pretendido infraseguro alegado por la aseguradora, que, en ningún momento, pudo probar. Las cifras de valores aportadas por la parte contraria tampoco se correspondían con la realidad. La carga de la prueba del infraseguro, que por ley correspondía a la aseguradora, había sido invertida de forma completamente ilegal y los razonamientos para desestimar la pretensión resultaban falaces y contradictorios. La sentencia condenaba además a la demandante al pago de las costas judiciales, en un último alarde y demostración de la incomprensible irritación de la juez. Sofía leyó muchas veces el contenido de aquella injusta y aberrante sentencia, que evidenciaba a partes iguales, parcialidad y un claro desconocimiento de las normas más elementales en la función de impartir justicia, además de la incorrecta aplicación de los preceptos legales y principios jurisprudenciales sobre la materia. Leyeron también la sentencia algunos compañeros de profesión expertos en cuestiones de seguros que coincidían en la nefasta valoración de su contenido y le aconsejaron recurrirla con escaso margen de error acerca de lo que pudiera decirse en una segunda instancia.

Sofía interpuso recurso de apelación de acuerdo con las estrictas normas procesales que rigen en la segunda instancia, explicando pormenorizadamente los graves errores de hecho y de derecho en que incurría la sentencia recurrida y obviando cualquier descalificación de su autora, lo que, tal como sabía, podría resultar contraproducente.

Su convencimiento de que el recurso iba a prosperar era todo lo posible que se puede esperar dentro del entramado de los procesos judiciales, pero con altas expectativas de éxito. Sin embargo, tampoco fue así. En este caso, la evidente falta de estudio y preparación del que daban muestra la sentencia, revelaba el nivel de los profesionales de la justicia que actualmente ocupaban puestos en tribunales superiores. La sentencia era muy escueta, muy incompleta y de una simpleza hiriente, sin razonamientos ni estudio de la cuestión planteada. No resolvía las cuestiones sometidas a enjuiciamiento, ni daba respuesta a sus planteamientos. Aceptaba el pronunciamiento de la sentencia de instancia sin convencimiento alguno, solo por inercia, y con una lacerante ausencia de cualquier análisis jurídico que hubiera comportado la necesidad de un estudio de la cuestión que se revelaba inexistente. Sin embargo, algo debió intuir la autora de esta vergonzosa sentencia, sobre lo inaceptable de su pronunciamiento, que pareciéndole excesiva la condena en costas que se hacía en la sentencia recurrida, se limitó a decir que, como la cuestión no estaba clara -¿para qué, entonces está la justicia, si no es para aclarar las cuestiones que se les someten?-, no procedía dicha condena. El efecto que a Sofía le produjo esta última sentencia, fue de descorazonamiento y desesperanza tras comprobar hasta qué punto había llegado el deterioro de una justicia que ya no podía recibir tal nombre, porque había quedado vacía de contenido. Pero de esto ya se había dado cuenta con anterioridad y contra ello no se podía hacer nada.

—¿Nada? –le había dicho Laura con indignación–.

—Nada. Ni una posible queja al Consejo, ni la remisión de las sentencias –que ya lo había pensado–, tendrían ningún efecto. Es muy difícil, por no decir imposible, que la mala praxis de un juez pueda tener consecuencias, salvo que la denuncia proceda de alguien con mucho poder, o tenga consecuencias sociales generalizadas que supongan un escándalo. Lo demás, pasa desapercibido, sin que ahí arriba muevan un dedo para corregir actuaciones que en otros ámbitos profesionales sí tendrían consecuencias. Es así como funciona el sistema y lo he comprobado hace mucho, aunque, por supuesto, en asuntos que no me tocaban directamente. Lo que tenía que haber hecho y no hice, hubiera sido en el momento del robo, cuando me di cuenta de que la policía no iba a mover un dedo para resolver el asunto. Ahí, sí habría podido actuar, claro que, al margen de la vía convencional establecida, acudiendo a un detective, presionando a los sospechosos, o, introduciéndome en otros ámbitos más oscuros donde se mueve la delincuencia, los canales de distribución, etc. Hubiera sido algo muy expuesto para mí, que –como tú sabes–, siempre me he mantenido dentro de la ley y el orden establecidos, pero tal vez, habría dado resultado, o, tal vez no, pero me habría quedado más tranquila de haber hecho todo lo que estaba en mi mano. Me parece insólito esto que estoy diciendo, pero sí, Laura, es lo que, si estuviera a tiempo, hoy haría.

Laura la contemplaba pensativa, sorprendiéndose de que alguien como Sofía pensara en actuaciones fuera de las vías convencionales, de las que siempre había sido defensora.

A partir de aquel momento, Sofía decidió apartarse y olvidarse de todo lo que tuviera que ver con el mundo judicial. Se jubilaba muy pronto, pero ya veía a los protagonistas de ese mundo –del que ella había formado parte–, como en un juego de títeres, afanados en la pura apariencia, sin sustrato esencial que justificara sus quehaceres cotidianos; evocaba sus idas y venidas sin sentido, las fatigas de sus ocupaciones, sin pararse a pensar por un instante en la razón de tanto empeño, más allá de una pura y simple compensación económica necesaria para la supervivencia. Pensaba que nadie se preguntaba sobre el sentido de ejercer esta profesión, su razón de ser y su finalidad. Le parecía el mero desempeño de un papel asignado por azar, sin salirse del guion, atontándose en el desarrollo de una actividad que justificara su existencia y su papel dentro de una sociedad claramente dirigida en sus formas y contenidos. Y todo ello, sin el menor atisbo de rebeldía o curiosidad por la forma en que esta actividad se iba desarrollando y los resultados obtenidos. Si acaso, surgía alguna fugaz crítica judicial, esbozada siempre en tono jocoso para distraer la atención de lo esencial. Ahora veía con claridad la futilidad que domina la escena de ese mundo profesional que tan bien conocía, donde lo esencial, las razones para una dedicación al ejercicio de la abogacía y su sentido, son cuestiones que se hallan actualmente proscritas, porque cualquier atisbo de reflexión seria acerca de lo que significa la justicia, o de otra cuestión básica que afecte a nuestra sociedad, están destinadas al fracaso. Afortunadamente su jubilación era ya un hecho y deseaba olvidar, descubrir nuevos horizontes por los que interesarse en su nueva vida.

VI

Las ocasiones en que Laura y Sofía se vieron después del juicio fueron espaciándose y cuando coincidían no volvieron a hablar del tema que ambas, por distintas razones, querían eludir. Las nuevas perspectivas de Sofía, tras su jubilación, eran el centro de sus conversaciones y también los chascarrillos sin importancia que Laura le contaba. Pero a Sofía no le pasaba desapercibido un cambio en la actitud de su amiga, más atenta y pendiente de lo que debía decir sobre los asuntos que estaba llevando, lo cual no era nada habitual en ella, tan natural y espontánea en sus conversaciones. Parecía como si hubiera algo que quería ocultar. Cuando Sofía se interesó por el trabajo actual de su amiga, esta le dijo que ahora llevaba más asuntos en la jurisdicción civil, donde pasaba casi todo su tiempo.

Un día en que Sofía tuvo que acercarse a la secretaría de un juzgado civil para consultar el estado de un expediente ya antiguo –quería dejar todo terminado antes de jubilarse–, encontró a Laura merodeando muy cerca del juzgado en el que había sufrido la funesta experiencia. Cuando se saludaron, Sofía advirtió cierto nerviosismo en su amiga, que no cesaba de dar explicaciones sobre la razón de su presencia precisamente allí. Sofía le preguntó si había tenido algún asunto con la juez, a lo que Laura le respondió que no, aunque un amigo suyo de profesión andaba enredado en uno que sí tenía que ver con ella. En ese momento, su amigo salió de la secretaría del juzgado y acercándose a ellas le dijo —mirando a Laura—, que todo estaba comprobado y dispuesto para la acción. Laura le presentó entonces a su amigo —Matías, dijo—, y aprovechó para cambiar de conversación. Sofía, por su parte, le explicó brevemente la gestión por la que estaba allí y se despidieron, quedando en verse la próxima semana antes de su jubilación. Ahora ya si estaba convencida de que Laura le ocultaba algo, y eso que le ocultaba tenía que ver con ella y con la juez del asunto. Conocía bien a su amiga, sabía que su pensamiento carecía de las rígidas estructuras que ella aún mantenía, por lo que era capaz de adentrarse en lo que se suele llamar terrenos prohibidos, siempre y cuando fuera por una causa que ella considerara justa.

Laura y Matías salieron del edificio de los juzgados hablando animadamente. Tenían todo planeado para llevar a cabo su propósito. Una acción arriesgada que traspasaba los límites de la legalidad impuestos por la sociedad, pero no había de qué preocuparse, todo estaba controlado y se trataba de gente de confianza dentro de lo que cabía. El detective que había reunido toda la información era terreno seguro y la actividad que había desarrollado estaba dentro de los límites de sus funciones. Todo lo había hecho con exquisita discreción, sin levantar la menor sospecha. No en vano era uno de los mejores detectives de Madrid. En cuanto a los otros dos intervinientes, había que confiar. Las referencias de Matías eran buenas, sin que ello implicara eliminar el riesgo que suponía la ejecución del encargo, pero se trataba de gente experta y fiable dentro de un orden, el que cabe esperar en estos casos. El plan se llevaría a cabo el viernes a la hora de comer, tal y como aconsejaban todos los datos que constaban en los informes de seguimiento. Laura estaba contenta. Si todo salía bien, era un estupendo regalo de jubilación para su amiga.

Cuando la juez regresó de su fin de semana la noche del domingo, notó que la cerradura de la puerta no habría fácilmente y le costó entrar en su casa. Pensó que algo había ocurrido allí durante su ausencia y corrió hacia el lugar donde guardaba lo más preciado para ella: su ordenador. No estaba allí. Buscó en vano en otros lugares donde a veces lo dejaba por premura de tiempo, pero tampoco lo encontró. Había desaparecido, se lo habían robado, pensó con el rostro desencajado. ¡Que iba a hacer ahora! Todas sus herramientas de trabajo estaban allí. Había sido tan tonta que no tenía copia de seguridad. Todos los modelos de sentencia –de compañeros de profesión– sobre temas variados, que había guardado cuidadosamente, habían desaparecido; los textos legales con las explicaciones más simples…, todo había desaparecido, dejándola en una precaria situación para hacer su trabajo. Tendría que volver a partir de cero, a pasarlo mal para poder resolver, como cuando estaba en su primer destino. Después, había conseguido ir trabajando de prestado, copiando de otros, limitándose a un corta y pega según le parecía en cada caso. Pero eso no era todo. En el ordenador guardaba además direcciones y correos comprometidos que la dejarían en muy mal lugar si salían a la luz. Se le revolvió el estómago y fue a vomitar como solía hacer con cierta frecuencia. No podría explicar a nadie las verdaderas razones de du desazón por esa pérdida, que sería valorada como un vulgar y corriente robo, de tantos que se producen en Madrid. Tan desolada se encontraba esa noche insomne, que no pensó en la posibilidad de que también faltaran otros objetos importantes o de valor material. Solo al día siguiente comprobó que, en efecto, también le habían desaparecido documentos personales y profesionales que guardaba en una carpeta de la estantería, sus joyas y el dinero en metálico que guardaba para alguna emergencia. Todo lo que tenía algún valor material había desaparecido. Salió de su domicilio y caminó taciturna hacia el juzgado, donde la esperaba un día de trabajo que no podría controlar.

Era una mañana soleada de invierno aquella en la que Sofía y Laura habían quedado en encontrarse para comer juntas. Laura llegó pletórica y muy satisfecha con el regalo que le tendió a su amiga. ¡Este es mi regalo de jubilación! –dijo–. Era un paquete bien envuelto, con un lazo de color malva que contrastaba con el papel plateado, que le entregó a Sofía con una abierta sonrisa, quien comenzó a desenvolverlo con expectación. Cuando lo descubrió, pensó que se trataba de un ordenador nuevo, un regalo excesivo por parte de su amiga, a la que comenzó a reprender por ello. Pero, al instante se dio cuenta de que era un ordenador usado y cuando Laura le explicó de que se trataba, Sofía no supo que decir. Su perplejidad iba en aumento a medida que su amiga la informaba de todo lo sucedido. Era un regalo muy especial, una pequeña venganza por el mal rollo y el sufrimiento que le había causado aquella indeseable. Laura sabía que Sofía no haría jamás nada parecido, porque siempre se había movido dentro de una escrupulosa y estricta legalidad, pero, como había podido comprobar –le dijo–, las cosas no siempre funcionan así, y ella no tenía ningún reparo en hacer lo que había hecho, asumiendo todos los riesgos y la culpa de la malvada acción -continuó sonriendo-, porque, no podrás negar que te produce satisfacción que esa indeseable sufra un poquito en sus propias carnes lo que hace sufrir a los demás. Pero es que –continuó diciendo sonriente Laura–, además de haberle quitado las muletas que utiliza para el ejercicio de su función –modelos de sentencias y otras cosas que copia de los demás–, los correos que guarda no tienen desperdicio. Vas a alucinar de la porquería que se traen ahí dentro.

Sofía continuaba escuchándola sin salir de un asombro que no manifestaba externamente. El mundo al que ella pertenecía había cambiado definitivamente –pensaba–, y este le resultaba irreconocible. Pero quería a la persona que tenía enfrente, sabía que lo que había hecho era solo para equilibrar la balanza a su favor, según su particular concepto de la justicia. Sabía que no vale para todos, eso de que el fin no justifica los medios y que su criterio era otro, pero también pensó que no tenía por qué ser el mejor que otros. Pero, sobre todo, sentía que Laura era su amiga y que solo por eso merecía ser respetada su acción. Se guardó de manifestar su discrepancia y, en contra de lo que podía esperarse de ella, le dio las gracias con una sonrisa y guardó el ordenador en su cartera. El resto del tiempo lo pasaron hablando de los detalles de la planificación y ejecución del robo.

—Los especialistas –así llamó Laura a los ladrones– hicieron un trabajo perfecto en poquísimo tiempo, según nos contaron después. Se habían quedado, por supuesto, con todos los objetos de valor, ese era el acuerdo, además de una pequeña gratificación por el servicio prestado. La verdad –continuó Laura–, es que hay que tener amigos hasta en el infierno.

Sofía se preguntó entonces si ella también tenía amigos en el infierno o en otro lugar cualquiera, pero la respuesta, la hizo dudar. Tenía pocas amistades de verdad, pero una de ellas era, sin duda la de Laura. Por un momento imagino cómo serían de diferentes sus respectivos futuros. El suyo, cada vez más alejado de todo, hasta llegar a desconectarse de la realidad de ese entorno. El de Laura, integrado y adaptado al mundo en el que le tocaba vivir. Se dio cuenta también de que sus sentimientos de desengaño y de un cierto pesimismo, contrastaban abiertamente con la positividad y alegría de su amiga por haber podido hacerle ese regalo. Había incoherencias desde su propio planteamiento y se sentía confusa, pero esto lo pensaría después, cuando estuviera sola y reflexionara acerca de lo que le estaba ocurriendo en esa comida.

Cuando Sofía llegó a casa con el regalo que Laura le había hecho, sintió emociones encontradas. Por una parte, le producía rechazo el regalo en sí mismo, fruto de una actuación indeseable e ilegal, de las que ella siempre había descartado. Por otra, no podía dejar de sentir esa alegría malsana de la venganza, la alegría que, a veces, produce el mal ajeno cuando quién lo padece es alguien a quien se detesta. Sentía además curiosidad por saber todo lo que allí se guardaba, esperando que ello corroborara las características del indeseado personaje en cuestión. Pero, por encima de todo, sentía el afecto de Laura en la obtención de aquel singular regalo, su posicionamiento incondicional, siempre a su lado y también su forma de demostrárselo. Ahora tenía serias dudas acerca de lo acertado de su posición y comportamiento, hasta ahora inquebrantable, siempre a favor del deber y la legalidad, ¿no habría sido esto un convencionalismo más? Sacó el ordenador de su cartera y lo guardó en un cajón sin ver nada de su contenido. Por hoy ya era suficiente.

La jueza pasó una mala temporada. Le costaba mucho sacar su trabajo adelante, que se resintió además con un gran retraso en la resolución de los asuntos encomendados, lo que la ponía en evidencia en relación con los juzgados vecinos. No tenía muchas amistades entre los compañeros, pero los más allegados, por su pertenencia a una misma asociación, le preguntaron si tenía algún problema. Ella había contado por encima el incidente del robo en su casa, al que nadie atribuyó las consecuencias de su pésimo humor y evidente retraso en sus tareas. Siempre había tenido mal carácter, pero sus actuaciones en sala habían propiciado algunas quejas que, sin llegar a instancias superiores hacían de su juzgado la comidilla del lugar. Por otra parte, una próxima inspección judicial pondría de manifiesto el retraso producido en el juzgado y aunque estas inspecciones nunca habían dado lugar a ningún tipo de consecuencias, era posible que tuviera que dar cuenta de las circunstancias que concurrían en su caso. Uno de los días en que se sentía más abrumada habló con Luisa, la compañera con la que tenía más confianza y le mostró sus inquietudes ante lo que le podía pasar. Ésta la tranquilizó, aconsejándole que tomara parte en un próximo congreso a celebrar donde intervendrían miembros de la carrera judicial dando una pequeña ponencia. Era una medida muy eficaz, que la colocaría en mejor posición desde el punto de vista de valoración profesional. Luisa estaba encargada de la selección de ponentes y, si ella quería -le dijo-, podía incluirla en una de las destinadas para los jueces de primera instancia. No le supondría mucho trabajo preparar una exposición sobre un tema procesal de los que se conocían al dedillo. La juez se mostró reticente. Tenía mucho trabajo acumulado y, además, no estaba acostumbrada a hablar en público, pero las razones que le daba su compañera la convencieron de que se trataba, en efecto, de una buena oportunidad que debía aprovechar y terminó aceptando aquella propuesta. Además, en su cabeza siempre había estado formar parte de una camarilla de poder, aunque este fuera relativo, y para eso, era necesario relacionarse y darse a conocer. El tema que le proponía su compañera era el de la carga de la prueba en el proceso judicial, un tema básico y con mucha jurisprudencia de la que poder echar mano, lo que acabó por convencer a la juez.

Una tarde al salir del despacho Laura fue a visitar a su amiga. Hacía más de un mes que no se veían. Sofía ya se había jubilado y ahora sus vidas discurrían por cauces distintos. Como siempre, Laura llegaba exultante, alegre y cargada de noticias que contar. Cada día estaba más guapa y risueña, su rostro joven, aún no acusaba ninguna huella de cansancio, a pesar de que trabajaba muchas horas al día y tenía una vida social y profesional intensas. En el despacho le iba bien, tenía bastantes amigos e innumerables conocidos con los que compartía confidencias y mucha información. Ya había puesto a Sofía en antecedentes de muchas cuestiones y contado algunos chascarrillos habituales, cuando esbozando un característico gesto le dijo:

—¡Por cierto, casi se me olvidaba! ¿Sabes que tu querida juez va a dar una ponencia en un congreso para miembros de la carrera judicial? Pues sí, la próxima semana, creo que el miércoles. Si no tengo nada inaplazable para ese día, podemos ir a aplaudirla. ¿Qué te parece?

Sofía se interesó por el tema a tratar, del que Laura no se acordaba en ese momento, pero al día siguiente la llamaría sin falta, para informarla y decirle si podía ir con ella a escucharla y armar un poco de lío. Sofía dudaba de la conveniencia de acudir a ese evento, pero tenía tiempo de pensar y consultarlo con la almohada como era su costumbre. Hablaron del contenido del ordenador de la jueza, que Sofía ya había visto casi en su integridad, comentando todo lo que pudieron durante las dos horas que duró la visita.

—¡Ah! –dijo Laura al despedirse–, y por la policía, ni te inmutes, ya sabes por propia experiencia lo que hace con este tipo de asuntos.

Cuando Laura se marchó, había dejado en Sofía esa sensación de bienestar y optimismo que su contacto le producía casi siempre. Aunque no estaba de acuerdo con ella en muchas cosas, admiraba su forma de estar en el mundo, tan activa y a la vez, tan desenfadada, sin dobleces ni segundas intenciones. Pertenecía a una generación muy alejada de la suya, con una manera más sencilla de ver las cosas y con un esfuerzo más liviano en sus múltiples quehaceres, lo que le permitía abarcar un campo de acción más amplio que aquél en el que Sofía había tenido que desenvolverse. Su visión era más extensa, pero menos intensa que la suya en el análisis y reflexión de las cosas. También era mucho más joven y tenía la fuerza y el empuje propio de la edad. Pero, sin duda, tenía algo en su forma de expresión y comportamiento que era lo que más atraía a Sofía, una empatía de la que ella había carecido siempre, que le permitía relacionarse con facilidad e introducirse en ambientes muy distintos.

La vida cotidiana y el desempeño de su quehacer profesional, cada vez le resultaba más pesado y aburrido a la juez, que carecía de la iniciativa e imaginación necesarias para hacer de ello algo más atractivo. Desde que le habían robado el ordenador, las horas que dedicaba a su trabajo se habían incrementado. Tenía que buscar sentencias y criterios que le ayudaran a resolver los asuntos que tenía entre manos. Sus compañeros no se mostraban demasiado proclives a prestarle esa ayuda, pero, sobre todo, era la relación con las partes y sus abogados en sala, lo que más trabajo le costaba mantener. Sabía que no gozaba de buena opinión a nivel personal y profesional y ello la reforzaba en un trato, cada vez más desabrido y distante. Se sentía progresivamente más empequeñecida e incapaz de mantenerse serena durante algún tiempo. La confianza en sí misma, si es que alguna vez la tuvo, iba desapareciendo día tras día, hasta el punto de hacérsele insufrible el desempeño de su función. Tenía que hacer un gran esfuerzo cada mañana para salir de la cama y acudir al juzgado, en un medio que le parecía especialmente hostil. Por ello, pensó que la oportunidad que le brindaba su compañera de profesión para comenzar a darle un nuevo rumbo a su trayectoria profesional e introducirse en otros círculos más allá del estrecho juzgado, era algo esencial en el momento en que ahora se encontraba. Nunca había hablado en público, pensaba que carecía de cualidades para ello, pero tenía que hacerlo si quería salir de esa situación de impotencia y sufrimiento. Temía hacer el ridículo, que surgiera cualquier eventualidad que no supiera controlar y hundirse más todavía en la miseria de su vida, pero también podía ocurrir que aquello saliera bien, que reforzara su auto estima, que su ámbito de relación se ampliara, que, en definitiva, contribuyera a que su vida fuera mejor de lo que era. Por eso había dedicado tiempo a la cuestión sobre la que tenía que hablar, había estudiado con cuidado el tema, algo que no era usual en ella. Había ensayado varias veces su exposición, sus gestos, el tono de voz que debía emplear, insegura como estaba sobre el resultado de su primera comparecencia en un congreso organizado por jueces.

A pesar del desagrado que a Sofía le producía volver a encontrarse con aquella juez, cuando Laura le comunicó el tema sobre el que iba a disertar: "La carga de la prueba en los procesos judiciales seguidos ante la jurisdicción civil", le entró un gusanillo por dentro y no pudo resistirse a la tentación de acudir junto a su amiga el día de la ponencia, que estaba señalada para una hora de mínima audiencia. Había gente de la profesión, algunos jueces y jóvenes abogados que llenaban la mitad del espacio de la sala. Nunca la había oído hablar en público. Cuando comenzó, en un tono bajo y monótono la juez iba exponiendo –leyendo siempre de un guion–, los principios de la cuestión a tratar. Sofía pensó que aquella mujer tenía mala cara y había envejecido desde la última vez que la vio. Parecía empequeñecida y más frágil de lo que ella recordaba. Era una disertación pobre y bastante aburrida, que cobró interés para Sofía cuando la ponente mencionó de pasada, uno de los casos en los que se invertía la carga de la prueba procesal de quién pide, como sucedía en los pleitos sobre la interpretación de las pólizas de seguros. De forma pasajera dijo que, según la jurisprudencia, cuando la aseguradora alegaba la existencia de un infraseguro, dentro de la relación contractual con el asegurado, debía probar su existencia.

Cuando la ponencia finalizó y se abrió el turno de intervenciones, Laura miró a su amiga y le dijo:

—¡Venga, es tu momento!

Sofía tomó la palabra y dirigiéndose a la juez con contundencia y claridad, dijo que le había quedado una duda sobre la cuestión de la carga de la prueba en los supuestos de infraseguro, porque no siempre los jueces siguen el criterio que la ponente acababa de exponer, por ejemplo, dijo, leyendo textualmente un párrafo de la sentencia que sostenía entre las manos, que contradecía abiertamente lo que se acababa de decir, y concluyó:

—Esto es lo que la ponente dice en su sentencia de fecha 2 de abril de 2018, argumento que condujo a la desestimación de la demanda del asegurado con la imposición de la condena en costas a su cargo. ¿Podría explicar tal decisión y las razones a las que obedeció?

La juez permaneció callada durante unos instantes, para después levantarse y desaparecer de la escena. El murmullo en la sala se hizo patente, mientras el coordinador de la mesa dijo que su señoría se había sentido repentinamente indispuesta, momento en el que Laura y Sofía se levantaron para salir de la sala bajo las miradas de curiosidad de los asistentes ante la situación de ridículo que acababan de presenciar. ¡Que bochorno! –comentó alegre Laura–, mientras su amiga parecía un poco abatida después de lo que acababa de hacer.

Fuera ya de la escena la juez se sentía mal. No había sido capaz de salir airosa de una situación en la que fácilmente hubiera podido hacerlo –ahora lo veía–, apelando por ejemplo a otra serie de cuestiones que podrían concurrir en ese caso concreto de quién la interpelaba, pero ella, carecía de los resortes necesarios para responder con soltura en este tipo de situaciones incómodas. Se había refugiado en los lavabos, no quería encontrarse con nadie y menos que la miraran con condescendencia. Permaneció allí encerrada durante un tiempo impreciso, hasta que calculó que ya habría dado comienzo la segunda ponencia de la tarde. Entonces, salió sigilosamente, con mucha premura para escapar cuanto antes de allí, pero tan metida en sí misma estaba, que no vio el escalón que había a la salida del edificio y cayó de bruces golpeándose en la frente, nariz y una de sus rodillas. Una chica joven que entraba en ese momento acudió en su ayuda, pero, una vez en pie, ella le dijo, sin mirarla a la cara, que estaba bien y corrió a coger el primer taxi que pasara por allí. Le dolían sobre todo la nariz y la rodilla izquierda, mientras pensaba en lo grotesco de todo lo que le estaba pasando esa tarde. Después de esta funesta experiencia se propuso no volver a actuar en público jamás. Durante los días que siguieron, el incidente fue muy comentado en su entorno. Veía sus posibilidades de promoción profesional seriamente mermadas, incluso la permanencia en el propio juzgado se le estaba complicando, a pesar de lo cual, su mal talante no parecía haber disminuido.

Después de su intervención en la ponencia, Sofía había empezado a experimentar interiormente un cambio de sentimiento en relación con la juez. Empezaba a sentir cierta compasión por aquella mujer que, en su momento tanto había llegado a detestar. Parecía estar arrepentida de su actuación en el congreso, que la había dejado en ridículo delante de un buen grupo de profesionales. Cada vez que hablaba con Laura, ésta advertía en su amiga cierta incomodidad cuando le transmitía los detalles sobre el progresivo deterioro de la situación de la juez, hasta que, en una ocasión, Sofía dijo que ya no guardaba rencor hacia esa persona por la que incluso había llegado a sentir lástima. Era cierto que había dejado la profesión muy desencantada y, desde luego, muy disgustada por ese desgraciado asunto que había puesto el broche final a su carrera profesional, pero todo eso, había quedado atrás y estaba ya casi olvidado. Ella, había comenzado a caminar por otros derroteros más saludables. Sus cuentas con ese pasado se habían saldado favorablemente y no deseaba enturbiarlo con una revancha en la que ya no creía. Laura entendió a medias el mensaje de Sofía, pero su amistad estaba por encima de todo y podían centrarse en otros temas que eran del agrado de las dos, como el de la reciente relación de Laura con un hombre bastante mayor que ella, al que Sofía conocía escasamente, pero por el que mostraba un gran interés, porque el entusiasmo con el que Laura le hacía confidencias, sí que era una cuestión importante para ella. Mas que amiga, Sofía la consideraba como una hermana pequeña y todo lo que pudiera sucederle era de su incumbencia. Y pasó un tiempo en el que no volvieron a hablar sobre aquel asunto.

Habían transcurrido bastantes meses desde el incidente del congreso, durante los cuales, la actuación de la juez no había tenido más consecuencias que las consabidas habladurías en círculos próximos, personas normales y corrientes acostumbrados al sometimiento a las instituciones que ejercen el poder sobre ellos, sin posibilidad de contrarrestarlo cuando se producen situaciones de abuso o mala praxis. Ni las inspecciones judiciales, ni la incompetencia en el ejercicio de sus funciones habían tenido efecto negativo de consideración en la situación profesional de la juez. Fue solo cuando tuvo la mala fortuna de toparse con EL PODER, cuando sucumbió. Aparentemente se trataba de un juicio más, sin que ella pudiera atisbar quien estaba detrás de aquella demanda judicial. Su comportamiento en sala había sido el habitual en cuanto a demostración de supremacía en el cargo e incompetencia reconocidas. Quién defendió el asunto no se enfrentó en ningún momento con ella, ni hubo escándalo alguno en la sala de audiencias que la hiciera sospechar lo que podía venírsele encima. Tan solo se trataba de un mal encuentro, de una coincidencia desafortunada e insospechada que, de ninguna manera podía ponerla en guardia. Pero, una vez que su sentencia fue firme, cayeron de golpe sobre ella el desprestigio y las amonestaciones. El entorno, ahora sí que se volvió realmente hostil, las relaciones profesionales muy difíciles, los comparecientes en su juzgado se mostraban cada vez más insolentes y empoderados ante la ya conocida situación vulnerable de la juez. Todo se le puso en contra, hasta que, sin poder soportar la dureza del día a día, optó por pedir el traslado a un pueblo lejano y abandonar para siempre Madrid.

Un día cualquiera, Laura informó a su amiga de los avatares sufridos por la juez con el mismo tono alegre y positivo que la caracterizaba.

—Cada uno, tiene al final lo que se merece –le dijo–.

Pero Sofía no sentía ya alegría por ello, ni podía ver en tales sucesos ninguna clase de restitución, ni siquiera una mejora en el estado de las cosas que le desagradaban, porque aquella juez, había caído en desgracia, no por su mal hacer, sino por una mala coyuntura, la de haberse topado con algo peor y más fuerte que ella. Sofía estaba ya en otro lugar muy distante, donde el afán de venganza no podía jugar ningún papel en su vida. Le hubiera gustado que las cosas sucedieran de otro modo, más ajustado a los principios y valores en los que siempre había creído, pero no había sido así, y seguramente, tampoco lo había sido para muchos otros a los que ni siquiera conocía. El sistema y su degradación iban a continuar a pesar del descalabro sufrido por esa mala juez.

VII

Una luminosa mañana, sin decirle nada a Laura, Sofía empaquetó cuidadosamente el ordenador, puso el nombre y la dirección de la destinataria en el papel del paquete y se lo envió sin dato fiable sobre la remitente. Cuando la juez lo recibió en su casa, estaba haciendo las maletas para el viaje a su próximo destino. Lo desenvolvió con curiosidad y solo cuando lo reconoció y tomó entre sus manos, empezó a plantearse algunas cosas. Así, abrazada al ordenador, fue a mirarse al espejo, y valorando la imagen que este le devolvía, consideró que era una imagen bastante satisfactoria, aunque ciertamente mejorable.

EL GRAN COMUNICADOR

A pesar de que muy pocos lo percibían, su aspecto físico revelaba cierta fealdad interior. Su pelo rubio, corto y peinado a cepillo, muy al uso del momento; sus ojos oblicuos y su nariz, excesivamente respingona, dejaban al descubierto unos grandes orificios nasales también rasgados que le conferían cierto aspecto teatral sin duda buscado y conseguido.

En su cuidada figura, de estatura media y ajustado peso, destacaba sobre todo su lenta, pero también autoritaria forma de andar, sin flexionar las rodillas y sin fijar la mirada en su objetivo, lo que le confería un cierto aire de robot.

Su forma de vestir, parcialmente sofisticada, con unos grandes pies embutidos en deportivas último modelo, contribuían a completar la imagen de un hombre de hoy que domina la escena.

Pero lo más determinante en él era su voz, de carácter deliberadamente equívoco, que, unida a una mente aparentemente clara y segura, así como a una estudiada pose, entre cautivadora y redentora, conformaban una imagen perfectamente adecuada para la escena de hoy, es decir, para el encantamiento, la confusión y el engaño masivo.

Había llegado a la cumbre del reconocimiento profesional y conducía un programa de máxima audiencia, en el que su misión no era otra que la de dirigir y obtener de la audiencia un determinado estado de opinión, lo más cercano posible a la necedad más acrítica, para favorecer así los eventuales intereses que le eran encomendados. Su tarea, perfectamente ejecutada, consistía pues, en abrir los ojos de todos aquellos que se mostraban incapaces de realizar tan necesaria función, a una realidad concreta, manipulándolos en la mentira y la insensatez, según el interés de turno, en un sentido u otro. Conducía con gran maestría el pensamiento de los numerosos espectadores hacia la meta prevista, obstaculizando con eficacia cualquier opinión contraria o discrepante da la que había sido predeterminada.

Tenía éxito en su tarea y casi todos los que le escuchaban, que eran muchos, pensaban lo que él quería transmitir de manera uniforme. La gran mayoría estaba siempre de acuerdo con la opinión sugerida, independientemente de cuál fuera la realidad de los hechos a tratar, o, de las cuestiones que, en cada audiencia, tocaba poner en cuestión.

Le habían bastado muy pocos años para convertirse en líder indiscutible de la escena, durante los cuales, habían ido cayendo en desgracia personajes socialmente reconocidos, al tiempo que se había tocado la consideración de determinadas instituciones y cambiado costumbres largamente mantenidas, siempre en función de aquello que le era encomendado desde arriba.

Cierto día, le llamaron de las altas instancias para encargarle una misión habitual. En la próxima emisión del programa, debía caer cierto personaje conocido e incómodo para los intereses allí manejados. El personaje en cuestión debía perder toda credibilidad en un tiempo record.

—No os preocupéis, –dijo el gran comunicador–, ya sabéis de sobra que sé cómo manejar los hilos.

Antes del día señalado para la emisión del programa, el gran comunicador hizo un llamamiento especial al gran público, donde se avisaba de la existencia de un personaje muy reconocido -sin saberse de quien se trataba-, pero que, al parecer, albergaba oscuras intenciones, hasta el punto de que, si no era descubierto a tiempo, podría llegar a destruir el estado de bienestar del que todos gozaban. A tal fin, propuso una encuesta entre los numerosos espectadores, con el fin de obtener por mayoría, la identidad del supuesto personaje, a través de una serie de mensajes subliminales que apuntaban, como era habitual, inequívocamente en la dirección exacta.

Así, durante el período de algunos días, que el gran comunicador había dado a sus espectadores para ejecutar la comprometida tarea de descubrir al malévolo personaje, se fue extendiendo entre todos ellos una clara convicción acerca de la identidad del mismo.

Con gran expectación llegó el día anunciado para desvelar en el programa de máxima audiencia ese importante descubrimiento, la identidad del buscado personaje. El gran comunicador apareció en escena como era habitual en él, con mayores dosis, si cabe, de orgullo y soberbia por un trabajo perfectamente ejecutado y, en consecuencia, por un triunfo presuntamente conseguido. Llamó a su ayudante de programa con gesto altivo, para que, mientras él hacía su habitual disertación, con las consabidas interrupciones de carácter marcadamente teatral, aquel fuera dando públicamente cuenta del resultado de la indagación.

En un momento impreciso, cuando el gran comunicador se hallaba dispuesto para la escucha atenta de los nombres que se iban a pronunciar, empezó a comprobar con incredulidad que no podía oír lo que su ayudante iba comunicando en alta voz; que no veía con claridad lo que estaba sucediendo a su alrededor; que no lograba moverse del lugar en el que se encontraba parado, porque sus miembros no le respondían; que, ni siquiera podía mantener el folio que sostenía entre las manos; que no le era posible abrir la boca para continuar hablando, porque sobre todo ello, había perdido su voz, el arma con la que poder anunciar al público la inapelable sentencia.

Paralizado en escena a la vista de todos y sin poder hacer la más mínima señal de socorro, el gran comunicador se mantuvo presente e inmóvil en escena, mientras su ayudante iba dando los datos de la encuesta realizada, que apuntaban directa e inequívocamente hacia su persona, –la del gran comunicador–, sin que nadie comprenda todavía cómo y por qué sucedieron así los hechos, ni se haya podido detectar fallo alguno en el sistema del programa teledirigido.

LA PERVERSA INFLUENCIA DE UNA VOZ

La joven y hermosa Elvira de Guzmán tenía sobradas cualidades para convertirse en la esposa de Gonzalo de Alvear, reputado médico y distinguido ciudadano de la villa de Ciudad Rodrigo, quien, desde la infancia, había mostrado un interés especial por las características de las voces humanas. Había estudiado con extrema minuciosidad el tono musical de cada una de ellas, la duración temporal de su sonido y el grado de fuerza con el que se expresaban, su intensidad y los distintos matices que las acompañaban. Había experimentado las variadas sensaciones que, cada una de las voces, que escuchaba siempre con gran atención, producían en su ánimo, las emociones y sentimientos que le transmitían. Pero, sobre todo, había analizado en profundidad ese complejo fenómeno que configura y dota de una identidad especial a una voz concreta, de tal manera, que la distingue y hace diferente de todas las demás voces. Había examinado, con enfermizo placer, sus mecanismos de funcionamiento, el rango de voz, determinado por el grado de flexibilidad de las cuerdas vocales, los elementos que modulan su expresión y los órganos de articulación, cuya posición concreta, modela y produce finalmente un sonido singular y único. No era pues de extrañar, que, el señor Gonzalo de Alvear hubiera elegido como especialidad médica aquella que se ocupaba precisamente de los órganos relacionados con la voz.

Además de muy bella, Elvira de Alvear era mujer colaboradora, confiada y, sobre todo, muy obediente. Había aceptado de buen grado las costumbres de la época y, por supuesto, las reglas de convivencia impuestas por su marido, al que respetaba y siempre deseaba agradar. Con tales premisas, era de esperar que su convivencia fuera en todo momento, pacífica y agradable, pero, sin embargo, había un elemento perturbador en su relación, porque Elvira de Alvear poseía una voz que no era identificable ni reconocible, circunstancia que torturaba a su marido, preso, como estaba, de una atracción fatal por esa especial característica del ser humano. La de la señora de Alvear, era una voz opaca, insondable y misteriosa; una voz inclasificable, que no era susceptible de ser personalizada, pues carecía de ese elemento diferenciador que la identificara como única.

En más de una ocasión, el señor de Alvear, había examinado atentamente ese cuerpo elástico que vibraba con las dos membranas principales situadas en la garganta de su mujer. Había vigilado la forma y disposición de su caja de resonancia, con el fin de indagar sobre aquella composición y posible identidad de su voz, sin haber conseguido resultado alguno.

Sin embargo, lo más sorprendente era que nadie, salvo el señor de Alvear, parecía advertir aquella anomalía de su esposa, puesto que nadie había hecho referencia alguna a esa circunstancia tan agobiante para su esposo. La cuestión había dado lugar a alguna discusión en el matrimonio, que siempre se había zanjado gracias a la buena disposición y colaboración de la esposa.

Pasó algún tiempo, y la mente del señor de Alvear fue sufriendo notables alteraciones a causa de tal obsesión, hasta que llegó un momento, en el que la naturaleza de aquel misterio, se apoderó de su ser como un maleficio, que lo hundía paulatinamente en un abismo estrecho y profundo. Hallándose preso de una irritabilidad creciente y de una intolerable ansiedad, decidió, en su obstinación, dar un último y certero paso adelante en la búsqueda morbosa de la índole e identidad de aquella voz inclasificable e irreconocible.

En una tarde de pesadas horas negras, provisto del instrumental quirúrgico necesario, el señor de Alvear se dispuso a inspeccionar, una vez más, y en profundidad el soporte material que albergaba y producía el mecanismo objeto de su obsesión. Volvió a examinar la lengua los labios y la glotis de su esposa. Penetró en la laringe, tocando las cuerdas vocales para palpar su vibración y sus interrupciones, su grado de flexibilidad, descendiendo, en su empeño, hacia otras cavidades más peligrosas. Penetró más profundamente, rasgó membranas, alterando de forma salvaje la configuración del pequeño órgano productor del sonido humano, en un desesperado intento por hallar la ansiada respuesta.

La sangre brotó densa y generosa. La voz cobró un último tono sordo y lúgubre, para, finalmente, callar para siempre.

Gonzalo de Alvear, liberado ya de su tortura y, en justa correspondencia para con su esposa, se cortó su garganta. Esta vez de forma deliberada y consciente.

(Relato encomendado a la memoria de Edgar Allan Poe).

CARA Y CRUZ DE UN AZAR

El jardinero Gabriel era un trabajador autónomo español. Un hombre limitado en astucia, pero benévolo y muy confiado. De origen humilde, su aspiración, como la de tantos otros, siempre había sido la de reunir los ahorros suficientes que le permitieran tener una vejez tranquila en su pequeño pueblo castellano, donde, después de mucho tiempo de esfuerzo y trabajo, había adquirido una casa con jardín.

Desde muy joven se había dedicado a tareas de jardinería que había aprendido con tesón, en las que nunca le había faltado trabajo en Madrid, donde era mucha la gente que, en épocas de bonanza económica, había ido comprando un chalet con jardín de mayor o menor envergadura, como signo obligado de un buen estatus económico con el que poder competir socialmente.

Gabriel tenía una buena clientela fija en distintas urbanizaciones de la capital y un buen cartel de persona honesta, cumplidora y moderada en sus cobros.

Con el tiempo, había montado una pequeña empresa con otros dos trabajadores inmigrantes, a los que, una vez regularizada su situación, había dado de alta en la seguridad social y pagaba un salario justo y adecuado a su labor.

El joven boliviano Carlos Alberto había llegado a España con escaso bagaje personal y cultural. Le habían contado que, en poco tiempo de trabajo en España, podría reunir la plata necesaria para regresar a Bolivia y salir de la situación de pobreza extrema en la que él y los suyos estaban inmersos. Era un joven impaciente y su deseo no era el de permanecer en España y adaptarse a otro tipo de vida. Su deseo era volver cuanto antes a su país, aunque eso sí, no con las manos vacías.

En cierta ocasión, uno de los trabajadores del jardinero Gabriel le habló a éste de la necesidad de trabajar que tenía un conocido suyo boliviano recién llegado a España, dada su situación, todavía ilegal en el país y el descenso actual de ofertas de empleo que por entonces ya se estaba produciendo en Madrid ante una evidente crisis económica.

El jardinero Gabriel aún mantenía una buena cartera de clientes, pero tal y como iban las cosas, sus ingresos se habían resentido mucho y no necesitaba otro trabajador. Sin embargo, le dijo que ocasionalmente podrían llamarlo para hacer algún trabajo extra y así poder ayudarle algo.

Aquel jueves de mayo el jardinero recibió un encargo especial. Debía poner a punto un extenso jardín en una de las mejores urbanizaciones de Madrid para celebrar la boda de la hija de sus propietarios. El tiempo del que disponía era escaso, por lo que pensó que podría ocupar al boliviano Carlos Alberto en el exceso de tarea, siempre y cuando éste tuviera conocimiento del oficio tal y como le habían informado.

Era un espléndido día de primavera cuando, después de unas escasas instrucciones del confiado jardinero, el joven Carlos Alberto comenzó su tarea con torpeza y osadía, y, encaramándose a un árbol, provisto de una pértiga metálica de varios metros, rozó sin saberlo una línea de alta tensión, que le produjo una descarga eléctrica con importantes quemaduras en su brazo y mano derechos.

La denuncia no se hizo esperar. El inspector de trabajo era un joven adornado de cualidades altamente valoradas hoy. Su talante, políticamente correcto y adaptado a los criterios marcados le habían servido para llegar a Madrid antes que sus compañeros de promoción. Y cuando le llegó la denuncia no vaciló un instante: "Ya está aquí otro listo tratando de aprovecharse de los sin papeles" –pensó–, mientras asestaba al jardinero Gabriel un primer golpe, a través de una cuantiosa sanción económica.

Después le vino un segundo golpe de mayor impacto y entidad económica. La seguridad social española había reconocido al joven Carlos Alberto una pensión de invalidez permanente total para el ejercicio de la profesión habitual, que el jardinero Gabriel debía pagar íntegramente a su cargo, puesto que había empleado a un trabajador sin estar dado de alta en la seguridad social. Y, finalmente, el abogado del jardinero informa –con evidente pesar– a su cliente sobre la imposición de un cuantioso recargo en la pensión de invalidez permanente reconocida a Carlos Alberto, cuya responsabilidad era también suya por haber infringido medidas de seguridad e higiene en el trabajo que le había sido encomendado al boliviano.

El jardinero Gabriel no ha llegado nunca a comprender las consecuencias desproporcionadas de su torpe acción. Ya no tiene ahorros con los que poder pagar la pensión y su recargo. La casa del pueblo que había adquirido con tanto esfuerzo le ha sido embargada y se ha visto obligado a despedir a sus dos únicos trabajadores, a quienes también ha debido pagar una notable indemnización.

Carlos Alberto, tampoco da crédito a lo que le ha sucedido en tan corto periodo de tiempo. Él, tampoco ha obrado con astucia, ni conoce las leyes españolas, pero tal y como era su deseo, ha regresado a Bolivia mucho antes de lo previsto, donde a sus treinta años, disfruta de una pequeña casa con jardín al que cuida de forma adecuada gracias a los conocimientos adquiridos y a la pensión de invalidez permanente que le proporcionó su corta estancia en España.

EL CUADRO DE LA REINA

I

Un sincero pesar se reflejaba en el rostro del médico que, tras un saludo reverencial, le hacía a S.M. una cautivadora exposición de los hechos ocurridos, a cuyo término, ella respondió:

"Solo es un retrato –dijo–, pero si usted logra recuperarlo y evitar su destrucción, el cuadro es suyo." Estas fueron las inefables y breves palabras que, en medio de cierta confusión, la Reina Victoria Eugenia dirigía al acongojado médico y presidente de la Cruz Roja, durante el acto que tuvo lugar en Salamanca, en el mes de octubre de 1922, cuando la suerte que podía correr el retrato de la reina, era todavía incierta.

Victoria Eugenia de Battenberg, había llegado a España con tan solo dieciocho años, para contraer matrimonio con el Rey Alfonso XIII el 31 de mayo de 1906. Para ello, Victoria había tenido que renunciar a su fe anglicana y convertirse al catolicismo. La ceremonia tiene lugar en San Jerónimo Real, y a la salida, de camino al Palacio Real, en carroza descubierta, sufren un atentado en la calle Mayor, del que los Reyes salen ilesos, pero que ocasiona más de veinticinco muertes y decenas de heridos. Ella, con el vestido de novia y los zapatos ensangrentados, se muestra serena, exhibiendo ante el Rey una cualidad extraordinaria: sabe comportarse como una Reina.

Pero la nueva reina de los españoles no ha sido bien aceptada. Es extranjera, peor aún, es "inglesa", con todos los matices que ello supone dentro de la sociedad española de entre guerras. Se ha criado en la corte británica de su abuela la Reina Victoria I de Inglaterra, y su comportamiento, siempre contenido y sereno, la alejan mucho de los rasgos de identidad y costumbres de España. Ella percibe muy pronto que el país que la recibe sin alegría, se encuentra más alejado del suyo en convicciones y comportamientos, que en la distancia geográfica que los separa, pero ha de hacerse a la idea de que este será en adelante su país. Tiene sobradas cualidades para comprenderlo y asumirlo de buen grado. Además, está muy enamorada de Alfonso XIII.

Sin embargo, el cuerpo de la Reina alberga en su interior el germen de la desgracia. Es hemofílica, un grave problema para la mujer que debe alumbrar un varón heredero al trono de España. No piensa en ello. El Rey tampoco. Y ella se centra en su misión como esposa, como madre y como reina, con los mejores propósitos. Intenta insuflar un soplo de aire fresco en una corte demasiado rígida y anticuada, pero ésta no lo acepta de buen grado. Se le prohíbe hacer deporte y fumar en público porque no está bien visto dentro de la sociedad española.

Muy pronto nace su primer hijo. Alfonso es un varón espléndido, pero ha heredado la hemofilia. El Rey Alfonso XIII no quiere admitirlo y se encoleriza por ello. A partir de ese momento busca el amor de otras mujeres sin el menor recato, sin ocultar las numerosas relaciones extramatrimoniales que comprometen la dignidad de la Reina y son la comidilla de la corte y de la sociedad entera. Victoria comprende que ha fracasado en el amor, a pesar de ello, tiene más hijos, con el único objetivo de proporcionar un hijo sano que pueda heredar el trono de España. También su faceta de madre le causa dolor y un sentimiento de culpa por haber transmitido la enfermedad a sus hijos varones, hasta que el nacimiento de su quinto hijo, Juan, confirma que está libre de la enfermedad. Para esa fecha, hace ya mucho tiempo que la traición de su amor se ha consolidado y es ya irreversible.

Victoria Eugenia se encuentra en un lugar que le es hostil, sola e incomprendida. Su lema es: "Que el Señor me dé serenidad para afrontar lo que no tiene remedio, y coraje para cambiar lo que se puede cambiar. Ríe y el mundo reirá contigo; llora, y llorarás sola." A la Reina le sobra coraje para implicarse en la sociedad sobre la que el destino la ha hecho reinar, y hace el bien allí donde se le permite hacerlo, siempre dentro del ámbito que le es propio. Reorganiza la liga antituberculosa, crea la nueva del cáncer, pero, sobre todo, se centra en su proyecto más querido: el de extender por el país la organización de la Cruz Roja Española.

II

Mi abuelo materno fue un gran servidor de la Cruz Roja Española en Salamanca, a la que dedicó mucho tiempo y esfuerzos. Creía en su cometido y contribuyó cuanto pudo a la expansión de su conocimiento y a la eficacia de su acción. En una entrevista realizada por el periódico local "El Adelanto" a principios de los años cincuenta, le preguntan desde cuando data la organización de la Cruz Roja en la ciudad, a lo que responde: "El 29 de enero de 1914 se constituyó el primer Comité, del que formé parte, y en 1915 fui designado secretario hasta ocupar la presidencia, aunque la antigüedad de mi carnet data de 1908." En cuanto a la función desempeñada actualmente, dice: "La posta, y más tarde la casa actual, desde su inauguración en 1930, se ha convertido en una mansión de paz y de consuelo para todos los que a ella acuden como refugio en el desierto de sus vidas, cuando son abatidos por la desgracia y el infortunio." Así pues, la labor que se desarrolla es científica y espiritual en su más alta misión social, donde los médicos y enfermeras, auxiliados por camilleros y socorristas voluntarios realizan una labor desinteresada que ha traspasado fronteras y merecido elogios, como los títulos de "muy hospitalaria y caritativa que el Rey Alfonso XIII le confirió". A la pregunta de los medios con los que cuentan para su sostenimiento responde: "Solo con las cuotas de los socios, donativos y la recaudación obtenida el día de la fiesta de La Banderita, donde colabora el comercio, la industria y la sociedad entera".

De mi infancia, recuerdo con especial alegría el día de La Banderita, en el que las mujeres de la familia y otras muchas de la ciudad salían temprano a la calle provistas de huchas blancas con la cruz pintada en rojo para abordar y pedir una contribución a todo aquél que se cruzaba en su camino, al que se le prendía un pequeño alfiler en la solapa con la banderita de la cruz roja. Casi todo el mundo aceptaba el reclamo con una sonrisa de comprensión, y al final de la mañana ya no quedaba nadie por la calle que no llevara prendida en su traje la señal de que había contribuido con la benéfica institución. Se montaban varias mesas vestidas de blanco en algunos puntos estratégicos de la ciudad, que presidían señoras pertenecientes a la institución, sobre las cuales aparecían varias huchas y cestitos que contenían los alfileres con la insignia de la cruz roja, que prendían en las solapas de los ciudadanos más representativos de la ciudad que querían acercarse a la mesa para hacer un donativo especial. Al final de la mañana se hacía el recuento de lo recaudado allí y del contenido de las huchas callejeras que habían recorrido la ciudad para depositarlo finalmente en la sede de la institución. Aquél era un día festivo que coincidía con el comienzo de la primavera, e iluminaba nuestras vidas con la agradable sensación de hacer algo positivo.

Durante la comida en casa del abuelo, se hablaba de la mayor o menor recaudación de ese año en comparación con otros y se cuchicheaba sobre las cantidades donadas por algunos nombres destacados de la sociedad salmantina.

Pero con independencia de su vinculación a la Cruz Roja, el abuelo era en esencia un médico por vocación, en un tiempo en el que curar no solo dependía de la ciencia, sino también del poder de la palabra y del impulso afectuoso. Era el "médico de familia" que curaba y, a la vez, animaba, convirtiendo su presencia en el mejor estímulo para reaccionar ante la enfermedad. En un artículo del mismo periódico local, que informa de la noticia de su fallecimiento en 1969, se recogen entre otras, las siguientes afirmaciones: "Ejercía la medicina como una gustosa obligación moral que imponían la sencillez y tantas veces la pobreza de las gentes que visitaba. Y lo hacía, sumando a la competencia y la experiencia profesional, ese raro don de la palabra, del diálogo, de la conversación afectuosa, que pormenorizada en detalles personales de la familia asistida. Eran otros tiempos, ciertamente."

Al releer este artículo, me vienen a la memoria unas hermosas palabras escritas por Irene Vallejo en su maravilloso ensayo "El infinito en un junco" donde, hablando del poder de la oratoria en el siglo V a.C. dice: "Antifonte, fue un auténtico pionero que podría figurar en la vanguardia del psicoanálisis y las terapias de la palabra. El ejercicio de su profesión le había enseñado que los discursos, si son efectivos, pueden actuar poderosamente sobre el estado de ánimo de la gente, conmoviendo, alegrando, sosegando. Entonces tuvo una idea novedosa: inventó un método para evitar el dolor y la aflicción comparable a la terapia médica de los enfermos…. Usaba el fármaco de la palabra persuasiva para curar la angustia y llegó a hacerse famoso por sus razonamientos sedantes."

Era a esa clase de personas a la que justamente pertenecía el abuelo en el desempeño de su profesión como médico durante una buena parte del siglo XX, y lo hacía sin un interés material o económico inmediato, sino por el placer de contribuir con sus palabras, además de con sus recursos científicos, a la recuperación del enfermo. Me cuentan que, a veces, no solo no cobraba la visita de quienes sabía que no podían pagar, sino que les dejaba el costo de los fármacos que había prescrito. Era, como dice el periodista del artículo mencionado, otra concepción de la medicina y del comportamiento humano que hoy cuesta reconocer.

III

Los dos protagonistas de esta historia vivieron tiempos convulsos, a los que, cada uno a su nivel, debieron adaptarse para poder sobrevivirlos.

Ha estallado la Primera Guerra Mundial y aunque España es un país neutral en la contienda, la Reina Victoria se encuentra emocionalmente involucrada. Sus hermanos combaten y mueren en el bando aliado, y en Palacio, su suegra Cristina de Habsburgo es una fiel defensora del bando alemán. Hay discusiones y enfrentamientos personales entre ellas. La Reina comienza a centrarse entonces en una misión social. No quiere limitarse a contemplar la desgracia desde el Palacio, interviniendo de forma activa en la creación de la "Oficina pro Captivis" dentro del propio Palacio Real, para el intercambio y socorro de prisioneros de guerra, intensificando así el vínculo con la Cruz Roja Internacional. Pero es a partir de 1916 cuando ella toma las riendas de la institución y le da un impulso decisivo, al iniciar una campaña para que las mujeres de la alta sociedad española se involucren en la ayuda de enfermos y heridos no solo con limosnas, sino prestando servicios de forma voluntaria. Creó el llamado cuerpo de Damas Enfermeras y propulsó la creación de una red de hospitales de la Cruz Roja en España, en cuya dirección entra en ese mismo año, iniciando una campaña personal para que el rango de enfermera se profesionalice, tal y como sucedía ya en otros países de Europa. En 1917 se aprueban las instrucciones generales para la constitución del Cuerpo de Damas Enfermeras de la Cruz Roja Española, así como un programa de estudios y prácticas, tras el que las alumnas recibían un diploma, un brazal y una insignia. Pero la Reina de España desea ir más allá y lograr la definitiva profesionalización del gremio, a cuyo fin se abre, en 1918 el Hospital Central de la Cruz Roja en Madrid, en una calle que lleva desde entonces su nombre, donde se establece la primera Escuela de Enfermeras, y un cuerpo estable de profesionales sanitarias retribuidas. Las nuevas profesionales resultan esenciales durante la llamada infección de gripe española de la segunda mitad de 1918 y 1919, que afectó a un tercio de la población española, de igual manera que lo han sido hoy, en la batalla contra el Covid 19.

Pero la Reina Victoria Eugenia no es popular en España, a pesar de los hechos que demuestran que siempre estuvo dispuesta a concebir hijos españoles cuando, un Rey desconsiderado y traidor a su amor, así lo requería, permaneciendo a su lado cuando la hostilidad social y el desapego a la monarquía se hicieron patentes. Una Reina que destacó por su implicación en la mejora de la sociedad española, con una contribución de carácter inestimable. Los hechos, ponen de relieve la superioridad moral de esta Reina poco estimada. España, ha tenido mucha suerte con sus reinas extranjeras del siglo pasado. El ejemplo de la Reina Sofía de Grecia no hace sino corroborarlo. Ambas han sido un ejemplo de lealtad, discreción y comportamiento. Pero la Reina Victoria Eugenia lo tuvo más difícil que su sucesora, tanto por su origen británico, como por la etapa histórica en la que le tocó reinar.

IV

En casa del abuelo, el cuadro disponía de una habitación propia, "La Salita de la Reina", desde la que presidía toda clase de avatares, escuchando las voces de los miembros de la familia, o de personas ajenas a ella que, a lo largo de muchos años, visitaban la casa del médico por diferentes motivos. Casi todos reparaban en la imponente presencia regia, escasamente conocida y menos aún valorada por los miembros de una sociedad sobre la que el destino la había hecho reinar. Fueron innumerables las conversaciones banales y las opiniones políticas que acerca de la familia real y su entorno social se mantuvieron delante del retrato de la Reina Victoria Eugenia, en la sala que llevaba su nombre, dentro de aquella casa de una ciudad provinciana española: desde reuniones con autoridades locales, gentes de la profesión médica, hasta estudiantes de medicina, o ciudadanos japoneses, más tarde diplomáticos de relieve, con los que el abuelo mantuvo siempre una estrecha relación, que miraban con enorme respeto y admiración el magnífico retrato de la Reina de España, ante el que se fotografiaban como muestra de su interés y reconocimiento.

La Salita de la Reina fue también centro de reunión de importantes acontecimientos familiares, en los que se festejaba con gran alborozo una ocasión feliz, o se lloraba la pérdida de algún familiar o amigo en momentos de gran tristeza. De todo se vivió en aquella sala, ante el testigo mudo de una Reina que ya formaba parte del entorno familiar en el que se experimentaban vivencias y emociones humanas de alegría o desconsuelo ante realidades ineludibles como el amor, la vida o la muerte.

Debajo del gran cuadro, que llenaba casi una pared entera, un largo sofá y dos tresillos laterales tapizados de terciopelo rojo, servían de asiento a sus visitantes. En el centro, dos mesitas cuadradas de madera oscura, y varios silloncitos y sillas individuales componían el mobiliario adecuado al lugar. Una enorme araña de cristal en el techo, y una gruesa alfombra con dibujo floral en el suelo, terminaban de componer la escena se aquella Sala singular. No recuerdo ningún otro cuadro en sus paredes que sirviera de compañía al retrato de la Reina, que, presidía en solitario aquella estancia exclusivamente suya.

V

La pintura está fechada en Barcelona, en 1908 –ella tiene entonces veinte años– y aparece firmada por C. Monserrat. La imagen de una joven y bella mujer, con la mirada fija en quién la mira, transmite serenidad y contención. Yo advierto además un cierto halo de tristeza en su rostro de piel muy blanca. Tiene los ojos de un tono azul gris y un cabello rubio dorado que lleva recogido en un moño alto, con unos pequeños rizos que le caen solo en los extremos de la frente. El peinado soporta una corona de diamantes de distinto tamaño distribuidos en cinco hojas, la más grande de ellas en el centro. Lleva puesto un vestido de color blanco roto, con el cuerpo de encaje y la falda de seda tupida y guantes largos del mismo tono. Sobre su pecho, cinco collares de perlas de distinto tamaño y longitud. Entre el tercero y el cuarto collar, un broche de oro de forma casi triangular con incrustaciones de diamantes y esmeraldas, del que cuelga en vertical una gran perla. En comparación con los adornos de la cabeza y del pecho, los pendientes y las pulseras que lleva –una en la mano derecha y dos en la izquierda–, son discretas y de pequeño tamaño. Se cuenta que era muy amante de las perlas y que el Rey Alfonso XIII le regaló la que se creía que era "La peregrina" pero que, despúes resultó no serlo, sino "la pelegrina", de menor valor e historia que la anterior.

En el retrato ella aparece de pie, apoyando su mano derecha sobre el brazo de un sillón dorado. Parece estar expectante a todo cuanto sucede. La expresión serena, de compostura y sumisión. Solo lleva dos años casada, es muy joven todavía, pero ya ha sufrido las primeras decepciones como esposa y como madre, que soporta con la serenidad aparente de una Reina a la que le han enseñado desde pequeña a ocultar sus emociones.

VI

La situación política y social de la España de 1921 y 1922 aparece marcada por la debilidad del sistema político y una gran conflictividad social debido, entre otras cuestiones, a la guerra del Rif en Marruecos y a los disturbios en Barcelona por la violencia anarquista y consiguiente represión militar, que desemboca en el asesinato de Eduardo Dato, presidente del gobierno conservador en Madrid, el 8 de marzo de 1921. Fue sustituido por Manuel Allendesalazar, quien abandona el gobierno en el verano de 1921 debido al desastre de la batalla de Annual, una sonada derrota militar española que costó la vida de miles de soldados y que dio lugar a la formación de un gobierno de concentración nacional entre conservadores, liberales y la Liga de Antonio Maura. Pero ello no resulta eficaz y en marzo de 1922 debe formarse un nuevo gobierno que incrementa la pendiente de inestabilidad que sufre el país y constituye un caldo de cultivo para el descontento y la desafección política de una sociedad convulsa que sufre la crisis económica y política del momento.

Es en este contexto cuando la Cruz Roja se está extendiendo por España y tiene su principal adalid en la Reina Victoria Eugenia, que se implica en una acción decisiva con convencimiento y firmeza, cuando su suerte como esposa y madre ya estaba echada. Su actuación ha resultado decisiva para modernizar la institución a través de la creación de un Cuerpo estable de profesionales retribuidas que ya es un hecho. Una de las primeras alumnas es Carmen Angoloti, Duquesa de la Victoria, que colabora estrechamente con la Reina en la creación de la red hospitalaria de la Cruz Roja, y en 1921, cuando se produce el llamado desastre de Annual, ante una sociedad española irritada y perpleja, la Reina quiere extender precisamente allí la acción de la Cruz Roja, con el envío de un contingente de enfermeras para atender a los heridos de guerra. Propone a Carmen Angoloti para ser la enviada a Melilla, al frente de un grupo de damas enfermeras que prestaran sus servicios en la guerra del Rif. En la serie de Antena tres "Tiempos de guerra" se aborda este suceso, donde se muestra las dificultades sufridas y la gran labor desarrollada por estas primeras enfermeras españolas en África.

VII

En el mes de octubre de 1922, la sede de la Cruz Roja en Salamanca se prepara para un evento de importancia, que tendrá lugar con la asistencia de S.M. la Reina de España y el abuelo anda muy afanado en su preparación. Acababa de llegar un retrato real desde Madrid para presidir el acto, y ya se había producido algún incidente desagradable en el interior de su sede. Unos desconocidos visitantes, descontentos con la monarquía española, habían hecho comentarios y proferido insultos contra la Reina delante de su retrato y habían sembrado alarma ante lo que pudiera suceder en la visita real esperada. El abuelo había comunicado los hechos a la policía, con el objeto de preservar el orden durante el transcurso del acto, pero a primera hora de la mañana del día señalado, el abuelo fue avisado con la noticia de que el cuadro había desaparecido durante la noche anterior.

Quedaban pocas horas para el evento, durante las que él había logrado sustituir el cuadro desaparecido por una gran fotografía en blanco y negro en la que aparecía la Reina vistiendo el uniforme de Enfermera de la Cruz Roja. Cuando llegó la comitiva real al domicilio de la sede para dar comienzo al acto, la desazón y el malestar reflejado en el rostro del médico eran patentes y sus palabras debieron ser tan elocuentes al dirigirse a ella, que motivaron aquellas breves e inusuales palabras en la respuesta de la Reina con las que da comienzo esta narración.

Algunas horas después de la visita real a la sede de la Cruz Roja, que, al parecer, transcurrió sin mayores incidentes, las pesquisas realizadas por el abuelo en torno a la desaparición y localización del cuadro habían dado fruto de manera extra oficial y fue conducido - ignoro por quién- a una mísera vivienda ocupada por una familia de ancianos incapaces de moverse y expresarse con coherencia. Junto a ellos, dos jóvenes desarrapados que, sin otra alternativa posible, mostraron la pieza sustraída envuelta en viejas mantas. Su único objetivo -dijeron al ser interrogados- era venderlo para poder subsistir. Una reacción de extrema compasión del médico ante la escena que tenía delante, se plasma en la entrega de una cantidad de dinero que se dejó en la casa antes de sacar el cuadro de allí. Al día siguiente, la visita de una policía rezagada, no halló en aquella casa más que la presencia de tres ancianos en unas condiciones físicas y mentales que les hacía incompatibles con la consumación del robo. Según me han contado después, el abuelo escribió a la Casa Real informando de la recuperación del cuadro, y la respuesta, que no se hizo esperar, fue escueta: "Usted ya conoce el parecer de S.M. la Reina"

Como poseedor del cuadro, el abuelo decidió que su lugar era el de la sede provincial de la Cruz Roja y allí permaneció mucho tiempo, presidiendo los modestos actos y trabajos realizados por la institución local, hasta la llegada de una etapa más conflictiva aún, la de la segunda república, en la que se tuvo constancia de que el cuadro iba a ser incendiado.

Desde entonces, el retrato de una joven Reina, de rostro hermoso y sereno, exquisitamente ataviada, ha convivido con nuestra familia, se ha convertido en un icono familiar y ha participado de la vida de unas personas que la querían como se quiere a alguien que siempre estuvo ahí, entre nosotros.

La Reina Victoria Eugenia, desde entonces en el exilio, y el abuelo, murieron el mismo año de 1969.

Andando el tiempo, el cuadro ha recorrido tres casas antes de llegar a la mía. Y hoy, cuando en medio de mi soledad me detengo delante del retrato y la miro, más que a una Reina, lo que veo, a través de la memoria, es mi propio pasado, el pasado de una familia ya casi desaparecida.

LA ASTUCIA Y LA MUERTE

Existen numerosas versiones del viejo y célebre apólogo El gesto de la Muerte –difundido a partir del texto de Jean Cocteau– sobre la inexorabilidad de la muerte. En él, se expone el drama eterno de la lucha entre la vida y la muerte, con la victoria incontestable de ésta. Pero, ¿y si ocurriera lo imprevisto, y, debido a la astucia femenina, la victoria final estuviera del lado de la vida? Lo que sigue es una atrevida recreación del famoso cuento, que, en este caso, tiene como protagonista a una mujer.

Una astuta criada de una princesa persa fue al mercado una mañana para hacer la compra de comida para su señora. Allí vio a la Muerte, que, pasando junto a ella, la olfateó y le hizo un gesto.

La criada, que se encontraba menstruando, volvió a palacio muy alterada. Allí, le dijo a su princesa que necesitaba ir a la remota ciudad de Ispahan si quería librarse de la Muerte, a la que había encontrado en el mercado y, olfateándola con descaro, le había hecho un gesto.

La princesa, compadeciéndose de la criada, le prestó una yegua muy veloz y también un largo manto con el que cubrirse durante el viaje.

La astuta criada recordó entonces que alguien le había hablado de la existencia de un laberinto cerca de la ciudad, en el que era muy fácil entrar, pero muy difícil salir, por lo que desiste de ir a la ciudad de Ispahan y se encamina hacia el laberinto, con la seguridad de que su astucia le permitirá sobrevivir al gesto de la Muerte.

Cuando llegó a la entrada del laberinto, se bajó de la yegua, y, colocando sobre ella el manto empapado de su sangre menstrual, dio dos palmadas al animal, que corrió veloz traspasando la entrada del laberinto mientras ella caminaba de vuelta a palacio.

La Muerte, ávida de su presa, olfateó su rastro cerca de allí y, segura de encontrarla, se adentró en las encrucijadas del laberinto, por el que dio vueltas y más vueltas, hasta que su desconcierto le impidió encontrar la salida.

La astuta criada llegó al palacio de su princesa sin la yegua y sin el manto que esta le había dado, pero satisfecha de haber podido burlar a la Muerte.

Transcurrieron muchos años en los que la Muerte permanecía dentro del laberinto sin poder hallar la salida, mientras la enorme inmensidad de los habitantes de la tierra quedó sometida a una terrible existencia eterna, en la que cada vez era más difícil encontrar un pequeño espacio de tierra donde poder permanecer, comer, dormir... Y así eternamente.

UN ENCUENTRO INSÓLITO

Me encontraba en una etapa de la vida ya bastante avanzada, donde casi todos los acontecimientos importantes que suelen suceder durante su transcurso habían ocurrido ya. Lo que quedaba era la parte más sombría de la existencia humana, la más triste, convencionalmente hablando. Una etapa, donde el aspecto físico ya no resulta atractivo, donde las ilusiones han ido desapareciendo de forma paulatina y las obligaciones familiares y laborales resultan inexistentes, en la que ya nadie nos necesita y pocos recuerdan que todavía estamos ahí, salvo cuando el recuerdo de lo que fuimos, por alguna clase de conveniencia imperiosa, nos hace visibles de nuevo, con el único fin de obtener una respuesta adecuada al interés de quién lo solicita.

Nuestra sociedad del bienestar nos procura fórmulas para hacernos sentir mejor. Ya no pagamos transporte público, disminuye el montante de nuestros impuestos, tenemos descuentos en los viajes y existen innumerables actividades y cursos para "mayores", esa denominación que hoy se considera más amable que la de "viejos" o "ancianos" que pudiera herir susceptibilidades. Sin embargo, nuestra vulnerabilidad sigue estando ahí y quizá más presente que antes, porque hoy, resulta muy difícil en general -siempre hay excepciones-, desear permanecer con esos mayores en lugar de dedicarlo a otras cuestiones incluso banales. Existe un claro desprestigio de la edad, que impide o, en el mejor de los casos, limita la contratación de un seguro médico privado y la sanidad pública rechaza pruebas de prevención que solo están previstas para los más jóvenes. El mercado tiene sus inapelables reglas, menores costes y mayores beneficios económicos que están por encima de todo lo demás. Aparecen las maravillosas residencias a elevadísimo coste que quita un peso de encima a los más allegados, abrumados como están por las particulares características e innumerables requerimientos que les plantea su propia existencia. Pero tampoco se nos olvida cuando todavía queda algo más que rascar de la ya corta vida de esos mayores y los seguros nos llaman con total impostura, para recordárnoslo y ofrecernos de paso un ventajoso seguro de defunción que dejará más tranquilos a nuestros herederos cuando en un futuro próximo nos toque irnos de aquí. Todo un ejercicio de cinismo que llevan a cabo pobres personas al servicio de empresas que, sin embargo, no tienen ninguna clase de réplica posible. La lista de ejemplos es mucho más larga, pero no es mi propósito detenerme en ello y menos aún permitir que eso me haga de alguna forma más vulnerable. Tan solo es el resultado de un ejercicio de atención, eso que ahora es tan valorado, la atención en el aquí y el ahora, pero que muy pocos saben llevar a la práctica.

Por lo que a mí respecta, he de decir que, a pesar de mi edad biológica, no me siento mayor, tengo buena salud y mantengo mis facultades mentales intactas, aunque sí resulto bastante vulnerable, pero no solo ahora, sino desde hace ya mucho tiempo en el que no debía serlo tanto. Supongo que es una cuestión de carácter y de comportamiento, de saber adaptarse a una determinada forma de vida a la que yo no he sabido adaptarme. Siempre he creído ser un inadaptad y, por supuesto, ahora con la edad también creo continuar siéndolo. Cuando alcancé la edad de jubilación y he debido aceptar todo lo que socialmente ello comporta, he probado algunas de las fórmulas de sustitución ofrecidas por la sociedad y debo reconocer que no me ha servido casi ninguna. Qué lástima —me digo a mí mismo con ironía–, sigo siendo un inadaptado.

Pero antes de entrar a describir el suceso del que fui testigo, he de decir que cada vida tiene sus singularidades propias y una de las mías ha sido la de quedarme solo antes de tiempo, puesto que, desde muy joven, he tenido que sufrir la marcha prematura de buena parte de los que compartían su vida conmigo, dejándome en una situación de importante soledad –si exceptúo a mis escasos descendientes–, en la que me planteaba una y otra vez las razones de tanta ausencia. Por eso, no era de extrañar que yo anduviera durante mucho tiempo dando vueltas a esta cuestión que marcaba la diferencia sustancial entre mi existencia frente a la del entorno que conocía. La muerte me había rondado desde muy pronto y de forma muy insistente, llevándose –con la excepción ya mencionada–, a todos los que tenían alguna clase de proximidad conmigo. Como soy persona analítica y reflexiva había reparado muchas veces en ello y ahora que tenía tiempo más aún. Me había interesado mucho por el tema de la muerte, esa realidad universal que, desde mi punto de vista, constituye el tabú más importante de nuestra época, en la que se impone su ocultación en un imposible deseo de eludirla, como una ilusión que nos ayuda a vivir en la fantasía de que tenemos el control de nuestras vidas. Sin embargo, yo, que la he contemplado de cerca en tantas ocasiones, la he mirado de frente y hasta he pretendido congraciarme con ella, en un íntimo deseo de conseguir su benevolencia en el momento preciso. La he tratado con estima y, sobre todo, con mucho respeto. Y hasta había trazado un plano -en mi cuaderno rojo-, con los distintos momentos de su actuación en mi entorno más próximo. Había anotado sus fechas de actuación, las distintas formas de manifestarse y otra serie de comentarios particulares sobre circunstancias concretas que no son de interés del lector. En definitiva, había venido manteniendo con la muerte una relación de cercanía en un intento de conocerla mejor.

El suceso, ocurrió una fría tarde de invierno cuando volviendo a casa de una de mis clases vespertinas de los martes tropecé con ella a la salida de la boca de metro más cercana a mi casa. Parecía estar esperándome, porque nada más verme aparecer me hizo una seña para que me detuviera junto a ella. Sentí un ligero escalofrío, porque no la conocía y a aquella hora ya tardía de la tarde, no había nadie a nuestro alrededor. Ella me hizo frente poniéndose delante de mí, al tiempo que me decía que no sintiera temor, que solo pretendía informarme de algo que me concernía directamente, si es que yo accedía a escucharla durante algunos minutos.

Se trataba de una mujer mayor. Aunque iba mal arreglada, era bella de rostro, de piel muy blanquecina, casi traslúcida, con una voz grave, aunque de expresión clara y precisa, que denotaba cierto grado de educación y saber estar. Me quedé parado, sin saber cómo evadirme de aquella situación incómoda, pero que en el fondo me atraía vagamente. Le dije que tenía prisa, pero que podía escucharla unos pocos minutos. Ella sacó de la pequeña mochila que llevaba colgada al hombro un cuaderno rojo muy semejante al mío, que sostuvo abierto frente a mí, en el cual figuraban una serie de anotaciones junto a una lista de nombres que resaltaban en letra más grande. Todos ellos eran de personas muy cercanas a mí, con edades, direcciones y fechas de fallecimiento de cada uno de ellos, porque todos eran familiares y amigos míos muertos.

Quedé perplejo ante la serie de datos ciertos ofrecidos por la desconocida, quién me miraba atentamente con penetrantes ojos observando mi reacción. Entonces, con un tono bajo, pero suave y de forma concisa me dijo que por razones que no me podía explicar, se ocupaba de analizar los fallecimientos ocurridos en el entorno de determinadas personas entre las cuales me incluía. Que estudiaba las circunstancias en las que esos acontecimientos se habían producido, las posibles relaciones de causa a efecto que habían intervenido en su desarrollo, todos ellos producidos en el entorno de las personas observadas, en este caso, en el mío. Dijo, que, si yo tenía algún interés en conocerlos, ella podía darme las explicaciones pertinentes, que me serían de gran ayuda, porque llevaba mucho tiempo profundizando en esta cuestión y había podido llegar a algunas conclusiones importantes que deseaba exponerme. Volví a mirarla atentamente, intentando descubrir en su rostro algún rasgo conocido, algún dato revelador de nuestra posible relación, pero el esfuerzo resultó del todo inútil. Por un instante intenté zanjar aquel insólito encuentro, obedeciendo a una serie de pensamientos convencionales que nos sirven en esta vida para explicarlo todo, tales como que era una argucia para robarme, o bien, que se trataba de una loca que había reunido una serie de datos sobre mi entorno, sabe Dios con que fines. Sin embargo, la curiosidad me podía, sin decidirme a darle la espalda y alejarme de allí. Además, tampoco parecía una mujer peligrosa a simple vista. Era menuda y delgada, de corpulencia inferior a la mía, sin rasgo alguno de posible violencia, que, en caso de producirse, era ella la que llevaría la peor parte. No sentía por tanto ningún miedo, sino un extraordinario interés por llegar a desentrañar las razones de un suceso tan misterioso.

Me encontraba tratando de indagar en aquella situación de la que yo quería saber más cosas, cuando se produjo un segundo hecho insólito en una ciudad tan predecible como es Madrid. Una furgoneta blanca se detuvo bruscamente junto a nosotros, y de ella, se bajaron tres o cuatro mujeres de características y aspecto semejantes al de mi interlocutora. Sin mediar palabra, la agarraron con maestría, arrastrándola al interior de la furgoneta, que partió velozmente calle arriba, perdiéndose en la lejanía de la noche.

El suceso, me mantuvo en vela durante toda aquella noche, intentando encontrar una explicación plausible a lo que me había ocurrido, sin hallar una posible respuesta a mis interrogantes. Examiné de nuevo el contenido de mi cuaderno rojo, tan semejante al que aquella mujer me había puesto delante. Repasé con mucha calma los movimientos que había hecho con él desde el día en que lo compré, tratando de encontrar algún descuido en el que el cuaderno hubiera permanecido fuera de mi control, pero nada encontré. El cuaderno nunca había salido del despacho de mi casa y yo no había hablado con nadie acerca de su contenido. Tampoco comenté un asunto tan extraño, en la seguridad de que no iba a ser entendido.

Algunos días más tarde, recibí en el correo un sobre grande con varios folios en su interior que aparecían escritos con letras y signos, como en una especie de lenguaje cifrado, junto a cada uno de los nombres de mis allegados fallecidos. Esos folios, parecían contener las claves para una explicación particular y concreta de cada uno de los supuestos que incluía.

Desde entonces, no he podido cesar en el examen de su contenido tratando de hallar respuestas. He reflexionado, una y otra vez, sobre las causas de este extraño suceso y sus posibles explicaciones; sobre las razones, los momentos concretos y características de la desaparición de cada uno de los que me acompañaban en el camino de mí vida, que habían ido progresivamente dejándome solo en una escena vacía y, a la vez, plagada de interrogantes. Y también, sobre las posibles relaciones de causa a efecto de todo aquello que nos rodea, ordenándolos como en un misterioso puzzle, tal y como me había sugerido aquella desconocida en su interrumpido relato.

ANTESALAS DE LA MUERTE

Existe cierta imagen de apariencia humana, que, en ocasiones, se hace visible. Algunos la han visto. Yo también la he podido contemplar en más de una ocasión y la atracción que he sentido por ella radica en la imposibilidad de poder aprehenderla. Su apariencia suele coincidir con la de una mujer anciana de mirada sosegada y profunda que aparece y desaparece de la escena con pasmosa facilidad. Sus movimientos no se corresponden con los de una persona de avanzada edad, por la ligereza y rapidez con la que se mueve hasta que llega a desaparecer de mi vista.

La imagen a la que me refiero parece carecer de toda curiosidad por el entorno que la rodea, desea pasar desapercibida manteniendo una actitud discreta a pesar de que su aspecto resulta un tanto extraño a los ojos de quien como yo, y por casualidad, detiene su mirada sobre ella.

Lleva un ropaje amplio que la cubre de pies a cabeza, es muy ágil de movimientos, con una enorme facilidad para escabullirse del lugar en el que se encuentra cuando percibe que alguien se ha fijado en ella y la observa, como si su único propósito fuera el de no ser descubierta, a pesar de que su misión consiste en ser portadora de un mensaje que afecta directamente a alguno de quienes han sido previamente señalados y, por ello, se encuentran en su entorno más próximo.

Estas son algunas de mis experiencias junto a la mensajera del más allá.

I. – LA ALBERCA. AGOSTO DE 1962.

Siendo todavía una niña, fui con mi abuelo a pasar unos días en un pueblo de casas ancestrales y calles muy estrechas que me impresionó vivamente. El abuelo había vivido durante algún tiempo allí cuando era joven, durante su primer destino como médico rural, y, después de muchos años, deseaba volver a ese lugar, para recordar tiempos pasados y comprobar la posible transformación de aquel pueblo tan singular.

Tenía fama de ser el pueblo más hermoso de toda la comarca y también el más aferrado a costumbres ancestrales, como, entre otras, la de "tocar a ánimas al anochecer", que le otorgaba un punto de magia y tradición ya casi olvidadas. Yo no lo encontré especialmente bonito, pero sí percibí que se trataba de un pueblo de peculiar idiosincrasia, con aquellos bruscos contrastes de luz y oscuridad que se producían en muchos momentos, cuando un cielo muy intenso y resplandeciente, desaparecía casi en su totalidad, dando paso a la oscuridad al penetrar en sus estrechas callejuelas, cuyas casas a ambos lados de la calle llegaban a tocarse entre sí en lo alto de sus cornisas.

Las mujeres de La Alberca vestían sus típicos trajes de sayas negras, con pañuelos de ganchillo sobre sus corpiños bordados, debajo de un pelo negro y grasiento, que se recogía en un moño tirante, sujeto por enormes horquillas, también negras, que no dejaban escapar un solo cabello. Algunas de aquellas mujeres serranas, las más viejas, reconocían por la calle al abuelo y en una especie de lenguaje, no del todo reconocible para mí, hacían aspavientos y llamaban a otras vecinas vociferando para que vinieran a ver a don Antonio, el médico. Algunas le agarraban del brazo y todas querían obsequiarnos en sus casas para agradecerle todo lo que años atrás había hecho en el pueblo. Nos ofrecían miel y turrón de la zona; cerezas y fresas pequeñas, propias del microclima de la zona, colocadas en bonitas cestas de paja de confección artesanal. Algunas me tocaban la cara con admiración y comentaban lo maja que era la nieta de su querido médico. No cabía duda de que mi abuelo había dejado huella en el corazón de aquellas mujeres serranas.

La última noche, antes de regresar a la ciudad, nos encontrábamos en una especie de café bar y tienda grande, que aparecía escasamente iluminado. Cenábamos algo antes de ir a dormir, cuando llamó mi atención la imagen de una persona que me pareció extraña. Vestía un manto negro muy ancho y mantenía una actitud de disimulada vigilancia, de camuflaje, como si no quisiera ser descubierta. Yo, le pregunté al abuelo si conocía a la persona que le señalaba y él, después de observarla durante unos instantes, me dijo que, aunque no estaba seguro, le parecía haberla visto alguna vez. Entonces, quedándose pensativo, decidió contarme algo que le había sucedido allí hacía ya muchos años y que nunca se había podido explicar.

El suceso era el siguiente: Una noche, algunas mujeres le habían avisado para que fuera a ver a otra vecina que, al parecer, vivía sola y se encontraba muy enferma. Él acudió de inmediato a una casa muy humilde y oscura, con el fuego encendido en la cocina. Ya anochecía cuando una persona, que no habló, le abrió la puerta, indicándole con un gesto de cabeza el lugar donde se encontraba la enferma que, según me dijo, se hallaba ya en un claro estado de agonía. Me contó que durante el breve instante en que miró su rostro sintió una sensación extraña, como de reconocimiento de alguien que, sin embargo, estaba seguro de no conocer. El rostro de aquella persona que le había abierto la puerta era neutro, de expresión tranquila cuando le hizo la señal del camino a seguir. Ya sentado junto al lecho de la moribunda para reconocer el verdadero estado de su agonía, pudo reparar con extrañeza en la similitud de sus rasgos con los de quien le había abierto la puerta hacía un instante, pero cuando quiso hablar con ella para explicarle la situación en la que se encontraba la enferma, ya no la encontró dentro de la casa. Recorrió todas sus dependencias sin hallar a nadie y se quedó un tiempo al lado de la moribunda hasta que, finalmente, expiró. Salió de la casa antes del amanecer, extrañado de que nadie hubiera aparecido por allí y se dirigió al ayuntamiento para dar cuenta del fallecimiento y a la iglesia para que se tomaran las medidas habituales. Fue entonces cuando le explicaron que la anciana, en efecto vivía sola, que no tenía familia y que las vecinas, según otra ancestral costumbre local, solo podían acudir a verla al amanecer. Hasta entonces, la puerta de la casa de la enferma debía de permanecer abierta durante toda la noche, sin que nadie pudiera entrar en ella salvo el médico y el sacerdote. La gente se extrañaba de que alguien le hubiera invitado a entrar, puesto que la anciana no tenía parientes conocidos. El abuelo no pudo comprender nunca lo sucedido y hasta llegó a dudar —me dijo—, de que, en efecto, alguien le hubiera abierto la puerta de la casa, pero, con el transcurso del tiempo, su recuerdo se había vuelto cada vez más nítido, por lo que ya no dudaba de la realidad de la escena que había contemplado años atrás, ni de la extrañeza que le produjo la semejanza entre ambos rostros. La visión de la persona por la que yo había preguntado, le había traído a la memoria el suceso que me acababa de relatar. De inmediato los dos volvimos la mirada hacia el lugar que yo le había señalado antes, pero aquella figura humana ya no se encontraba allí, había desaparecido sin darnos cuenta.

A la mañana siguiente, cuando ya dentro del coche abandonábamos el pueblo para regresar a la ciudad, oímos a lo lejos cómo las campanas de la iglesia tocaban a muerto.

II. – EL SUEÑO DE ISFAHAN. OTOÑO DE 1999.

No conocía Isfahan, a pesar de mis enormes deseos desde hacía ya mucho tiempo de recorrer la magnífica ciudad iraní. Todos los intentos realizados hasta aquel momento se habían visto frustrados por distintas circunstancias, pero en el otoño de 1999 podría por fin cumplir uno de mis sueños. Unas amigas y yo habíamos contratado uno de los escasos viajes que se organizaban desde Madrid. Yo había leído mucho sobre el lugar y había visto fotografías de esa inquietante ciudad. La noche anterior al viaje tuve un sueño que nunca he podido olvidar.

Como la mayoría de mis sueños, resulta extraño y agobiante, pero con un escenario perfectamente reconocible –Isfahan– y un detallado contenido de carácter premonitorio que nunca ha dejado de sorprenderme. El sueño transcurre así.

He salido sola a pasear mientras mis compañeras descansaban un rato en el hotel. Durante el camino me envuelven dos sensaciones que puedo reconocer fácilmente: una, es de constante preocupación y otra, de temor. La primera deriva del hecho de que no puedo sujetar el pañuelo que, por obligación, llevo puesto en la cabeza. Parece ser de una seda muy pesada que se resbala continuamente y deja mi cabello al descubierto, lo que sin duda es preocupante en un lugar en el que existe una prohibición expresa al respecto. Quiero sujetar constantemente el pañuelo, pero se me vuelve a resbalar una y otra vez. Entonces busco en los bolsillos de mi amplia camisa un imperdible que recuerdo haber guardado, pero que no aparece y camino con la mano izquierda sobre mi cabeza para sujetarlo. La segunda sensación de temor obedece al hecho de que voy sola en un entorno desconocido, cuyas reglas no conozco en profundidad. Temo equivocarme, pero no deseo renunciar a ese recorrido en solitario, a pesar de que lo presiento peligroso.

Ya cerca de una gran explanada desde la que se ve el puente de Khaju, contemplo a lo lejos familias sentadas, las mujeres llevan vestidos y velos negros y los niños corren hacia sus madres con gran alboroto. No quiero acercarme demasiado por ese temor indefinido que siento y del que no puedo desprenderme. En un punto del recorrido, solo a unos cuantos metros de distancia, contemplo una figura solitaria que llama mi atención por su manera de estar. Aunque parece tranquila, observo que ella también tiene que sujetarse el velo negro de la cabeza repetidas veces. El gesto desata en mí una gran curiosidad y me acerco a ella para comprobar si, a pesar de su indumentaria, se trata de una occidental como yo. Pero no es así, porque cuando estoy más cerca compruebo que en su rostro no hay ningún signo identificable de pertenencia a un grupo conocido y que, además, no sabe o no quiere hablar conmigo. Se trata de alguien difícil de definir, a la que no se le ven las manos ni los pies, que lleva completamente cubiertos con un manto negro, que deja al descubierto una mínima parte del rostro, con unos ojos que parecen humedecidos por abundantes lágrimas. Instintivamente saco un pañuelo del bolso de mi blusa y se lo tiendo sin que ella haga gesto alguno para cogerlo. Dudo un poco antes de acercarme más y con mi mano derecha intento limpiarle las lágrimas, desviando un ápice su mirada indefinida. Pero a medida que avanzo en mi acción, compruebo estupefacta que el pañuelo no se humedece al contacto con unas lágrimas que no desaparecen de sus ojos. Miro inquieta a mi alrededor por si alguien se aproxima, pero la gente a la que antes divisaba parece estar aún más lejana del lugar donde me encuentro. Entonces, comienzo a sentir un gran rechazo para continuar como personaje de aquella escena y retrocedo unos pasos, aún de frente a la imagen que tengo delante, hasta que ya a cierta distancia, me doy media vuelta y comienzo a caminar muy deprisa hasta que el cansancio me obliga a sentarme en un banco solitario que encuentro a mitad del camino. Allí sentada transcurre un tiempo cuya duración no se calcular bien, hasta que decido abrir el pañuelo que continúo apretando en mi mano derecha, pero al hacerlo, veo con estupefacción algunos rasgos de un rostro reconocible dibujados sobre la tela blanca, como si las lágrimas, que no habían logrado humedecerlo, hubieran, sin embargo, dibujado su imagen en ese pañuelo. No tengo duda, el rostro que aparece dibujado es el de Laura, una de mis compañeras de viaje. Parece una especie de presagio o advertencia y no sé si lo que estoy viendo es real, o solo una imaginación mía, una pura fantasía. Guardo el pañuelo en el bolso de la camisa y comienzo a andar en dirección al hotel. Reina una atmósfera de gran silencio en el atardecer de aquel lugar y un viento ligero que me roza la cara me confirma que la escena que estoy viviendo es real.

Cuando por fin llego agotada al hotel, el iraní de la recepción me hace señas con gesto alterado y, acercándose a mí, me dice algo en un inglés que no comprendo bien, pero cuyo significado adivino sin dar opción a la duda. Me está transmitiendo que mis amigas no se encuentran allí, que un coche las ha trasladado al hospital porque una de ellas se encontraba mal. Al instante comprendo a qué compañera se refiere y subo con gran sobresalto a la habitación. Sobre la cama hay una nota de Elvira que dice: "Estamos en el hospital de Milad. Laura se encuentra mal. No he podido avisarte. Ven en cuanto puedas".

De inmediato comprendo y corro hacia la salida. Me veo saliendo a toda velocidad de mi habitación, cogiendo el ascensor y traspasando primero la puerta de salida del hotel y después la puerta de entrada del hospital indicado, sabedora de lo que voy a encontrar allí.

Aquel viaje no pudo realizarse porque Laura murió de forma repentina justamente el día en el que iba a dar comienzo.

III. – MADRID. PRIMAVERA DE 2022.

Han transcurrido muchos años desde que la vi por primera vez hasta este momento en el que he vuelto a descubrirla. El encuentro tiene lugar en Madrid –como no podía ser de otra manera–, la entrañable ciudad en la que, por suerte, ha transcurrido la mayor parte de mi vida.

La escena transcurre en Semana Santa, durante el paso de la procesión de los Alabarderos, entre el Palacio Real y la Plaza de Oriente, con los ecos, aún dentro de mi cabeza, de una de las más hermosas arias escuchadas en el interior del Teatro Real mucho tiempo atrás, cuando mi vida estaba muy arropada y mi interior se encontraba en una ignorada soledad; cuando se suponía que tenía todo aquello que se puede tener en la vida para ser feliz, pero también, cuando la ansicdad y el desasosiego la invadían de forma constante, sin ser todavía identificados en toda su intensidad.

Allí estoy, en medio de un gran tumulto, con las fuerzas físicas visiblemente disminuidas y el tono vital en abierta caída, con el sol de la tarde cayendo sobre mi cabeza, todavía muy clara, cuando he podido distinguirla sin ningún esfuerzo. Allí estaba ella, con la habitual actitud de quien desea pasar desapercibida y no quiere ser reconocida por la gente que está en su entorno, pero que no son aún su objetivo. Observo cómo mira distraídamente hacia los lados, en busca de aquél a quien debe encontrar y continúa su camino en dirección opuesta a la mía. No me ha visto, ni ha reparado en mí, por lo que yo me muevo en su misma dirección, a fin de facilitarle un trabajo que todavía no se si le corresponde hacer hoy. Pero ella es más hábil que yo para escurrirse entre esa inmensa masa humana que mira con entusiasmo la procesión, tratando de lograr el mejor ángulo de visión para inmortalizarlo en su recuerdo.

En el momento en el que yo me muevo en dirección contraria al que constituye el foco de atención, mi camino resulta más difícil. Como ya tengo muchos años que se notan, algunos me facilitan la deserción de aquel entorno. –Déjala pasar–, escucho la joven voz de una hermosa muchacha, cuya imagen tiene para mí un poder evocador, mientras aparta a su acompañante para abrirme camino. Se oye un gran murmullo, suena la música de la procesión en la plaza, vibra la vida a mi alrededor, esa que ya escasea para mí dentro de una consciente y sincera aceptación.

La breve distracción que me ha producido la hermosa joven ha hecho que pierda de vista mi objetivo y que me sienta impotente para localizarla de nuevo. Ya no soy capaz de encontrar su rastro, lo que me produce desasosiego por mi creciente incapacidad. Yo solo quiero ayudarla en su búsqueda, hacerme reconocible, transmitirle de alguna manera que estoy aquí, que no busque más en dirección equivocada. Y me asombro de mi involuntario pensamiento.

Salgo como puedo del enorme barullo en el que me he visto envuelta, ayudada de mi bastón que necesito desde hace algún tiempo. No todos son como la hermosa joven que he visto antes, evocadora de la belleza y la bondad de la vida y me dirijo con mucha dificultad a través de pasos torcidos e inseguros hacia una de las callejuelas que salen de la plaza, y que elijo solo al azar. Al comienzo de la calle tengo que pararme para respirar. Mi corazón ya cansado se ha puesto a galopar con fuerza y si continúo andando deprisa, puede revelarse del todo y decidir pararse aquí mismo. Entonces sí que no podría alertarla de mi presencia y su misión para hoy quedaría, tal vez, inconclusa. Saco mi pequeño pañuelo del bolso de la chaqueta y me lo paso por la frente. No he sudado, pero el contacto con la tela blanca me sosiega, trayéndome algunos recuerdos que ahora me tranquilizan. Miro hacia el cielo azul cruzado por escasas nubes blanquecinas que armonizan con el espectáculo de una hermosa tarde de abril en un lugar de excepción.

Instintivamente pienso en alguna de las personas queridas que, precisamente, se fueron en primavera, cuando en la vida todo renace y promete, aunque luego esas promesas no lleguen a cumplirse nunca. Siento que estoy sola, aunque en realidad siempre lo haya estado, a veces, incluso en compañía, pero la soledad en decadencia resulta más fea, menos deseable, y yo he detestado siempre la fealdad. Siempre me ha interesado la belleza de las personas y de las cosas en general, tanto externa como internamente; la de determinadas situaciones, o emociones…, eso es lo que siempre me atrapó y me confundió en esta vida. He desdeñado mucho solo por ser feo. Sé que no ha sido algo acertado, pero ha sido así y ahora no estoy aquí para hacer un análisis crítico de mi paso por este mundo, sino para culminar mi vida, a poder ser, con un final también bello. Ya se sabe que genio y figura hasta la misma sepultura. Y ahora, precisamente ahora, no es el momento de disimular ni de fingir lo que se ha sido.

Camino con dificultad y sensación de ahogo un largo trecho observando ya solo a las personas que entran dentro de mi estrecho campo de visión, pero no hay rastro de ella. Entonces, decido torcer por una pequeña calle transversal y subo por otra que se cruza con ella, y luego por otra, y por otra, sin seguir un itinerario previsto. Se me ocurre pensar que también ella podría hacer algo por encontrarme, porque, de lo contrario, esta tarde podría irse de vacío.

Al comienzo de una de las calles que voy recorriendo con mucha fatiga, tengo un presentimiento y hacia la mitad de su recorrido veo a lo lejos una iglesia con escaleras donde se sientan algunos mendigos para pedir limosna. Ya casi tengo la certeza de que podría encontrarse descansando allí, en las escaleras de la iglesia. En ese lugar puede descansar tranquilamente, no desentona, y es muy seguro para pasar inadvertida.

A pesar de mi enorme fatiga, porque he andado más de la cuenta, me propongo llegar hasta allí, en una empresa que se me hace muy difícil, casi imposible de lograr. Pero con gran esfuerzo, ya me encuentro a una distancia media, desde la que distingo la presencia de tres personas sentadas en las escaleras de la iglesia, de las cuales dos parecen tener aspecto de mujeres, el tercero es un hombre. Me voy acercando con pasitos cada vez más lentos, más frágiles, más inseguros, mantenida por un desmedido deseo de encontrarla allí.

Casi todos los mendigos visten de oscuro y muchas de las mendigas llevan un pañuelo atado a la cabeza, por lo que todavía no estoy segura de que ella sea una de las dos mujeres que están sentadas en los escalones. Pero ya más cerca de la iglesia comprendo la certeza de mi pálpito. Allí está, es la de la esquina más próxima a mí. Ella no me mira, ni siquiera ha girado la cabeza cuando me acerco, pero yo me voy aproximando poco a poco, muy lentamente, mientras la observo fijamente y me siento a su lado.

EXPERIENCIA CONTEMPLATIVA

Desde hace algún tiempo siento una necesidad especial de permanecer tiempo en esos espacios acotados para la tranquilidad y el disfrute que son los jardines, dentro de una ciudad cada vez más aturdida por el ruido exterior y el incesante movimiento de sus imágenes. Frente a ella, el jardín se me aparece como metáfora visual del bienestar, representa la idea del paraíso perdido y me ayuda a restablecer el equilibrio interior invitándome a entrar dentro de mí mismo. El jardín me ayuda a controlar mí mente y a expandir mí conciencia. Y también a mantener ese estado de quietud y contemplación que, con los años, persigo como algo que me puede aportar un significado más certero acerca de mi propia existencia.

Como vivo en una gran ciudad, busco estos lugares de relajación a horas poco transitadas y, cuando puedo, me desplazo al campo para caminar por los bosques en silencio, muy atento a lo que me rodea, a la presencia de sus elementos, que me tonifica y me sirve como terapia espiritual de significado profundo. Aunque no soy ecologista activo, ni tengo ya edad para ello, simpatizo con sus principios y, sobre todo, con esa dimensión espiritual que significa respeto por la naturaleza y coherencia de vida. Comparto la ineludible necesidad de preservarla, la obligación moral y ética de velar por el medio ambiente, para cambiar esa manera tan irracional que tenemos de habitar el planeta a través de un consumismo desenfrenado que lo perjudica gravemente y cuya detención pasa necesariamente por un cambio en nuestro sistema de creencias y valores.

Sin embargo, este apego a los jardines y hacia la naturaleza en general –que antes pasaba desapercibido–, ha sido consecuencia del paso del tiempo –ya tengo muchos años–. También de un proceso de introspección, a través de la práctica de una atención necesaria para intentar obtener un nivel de consciencia superior sobre mí mismo y sobre el mundo en general. Y a su vez, ese proceso, fue también consecuencia del sentimiento de desapego y desafección hacia una sociedad cargada de imágenes, mensajes y eslóganes cuyo contenido me disgustaba de manera creciente. El rechazo hacia una forma de estar y sentir en la que no encontraba acomodo posible, ha sido el eje que desencadenó dentro de mí ese giro que se orienta hacia un nuevo sistema de creencias y valores. Es, precisamente, dentro de este contexto de práctica contemplativa, donde se produce la experiencia que voy a relatar a continuación, a sabiendas de que a muchos les pueda parecer improbable.

Una tarde, me encontraba en un jardín frondoso contemplando un panorama que me atraía de forma especial. En el centro de un espacio poblado por hermosos árboles, había una gran fuente con forma de cilindro, de la que brotaban gruesos chorros de agua plateada que describían en su movimiento círculos concéntricos de mayor a menor tamaño, indicando una inequívoca dirección desde afuera hacia adentro. Escuchaba atentamente el tono del rumor del agua, que aumentaba o decrecía al compás de la descripción de sus órbitas, cuando, absorto en esa contemplación, reparé en él. Se hallaba sentado en un borde del camino a escasos metros de la fuente. A esa hora intempestiva de la tarde no había nadie más a nuestro alrededor. Nos encontrábamos solos los dos. Entonces, una sensación de desconcierto y confusión se apoderó de mí ante la presencia de algo que no era capaz de identificar. Después, vino la inhibición, la parálisis que siempre me ha producido la comprobación próxima y real de algo desconocido. A pesar de que sentía vergüenza de continuar mirando, no podía apartar la vista de ese imponente ser extremadamente delicado, paradigma del equilibrio y la perfección. Me parecía verdaderamente estar contemplando una imagen celestial. ¿Sería real, o solo producto de mi imaginación? A continuación, percibí un olor placentero que emanaba de aquel ser y que no podía asimilar a ningún otro conocido. Ese olor era, sin duda, un dato que avalaba la presencia real de lo que creía estar contemplando. Fue en ese preciso instante, cuando no pude menos de interrogarle con extremo pudor:

—¿Quién eres?, sonó mi voz, casi sin yo quererlo.

—Soy Eyael, lo más parecido a la idea de tu ángel guardián.

La respuesta me dejó perplejo, e inmediatamente recordé el suceso que le había ocurrido a Wilian Blake, cuya inquietante personalidad me había atrapado desde hacía algún tiempo, y del que había leído que, siendo muy joven, al volver a casa un día dijo que había visto ángeles en los árboles del jardín, lo que provocó en su padre la reacción de abofetearlo. Sin embargo, la imagen de ese ángel mío –tal como él se había definido–, continuaba allí presente, sin deshacerse ni volatilizarse después de unos instantes, por lo que pensé que podía ser real y sorprendido, pero a la vez interesado, decidí continuar en la indagación.

—Pero entonces, ¿no eres inmaterial?

—Sí que lo soy, lo que no significa que tu no puedas verme.

Aferrado todavía a mi realidad cotidiana, me vino a la mente la imagen de alguno de esos artistas callejeros que, en ocasiones aparecían provistos de un magnífico disfraz que los hacía parecer casi irreales, pero la atenta observación de la imagen a poca distancia, me advertía de que era un error considerar aquello que tenía delante como algo impostado o falso. No quería acercarme demasiado por temor a que aquella visión se desintegrara, o, tal vez, a que su mayor proximidad pudiera afectarme de alguna forma desconocida. Sentía atracción por la presencia de aquél ser inconcebible, pero también mucho temor ante lo desconocido y misterioso de aquella experiencia inefable que no me quería perder.

Me animé a continuar interrogándole desde la distancia.

—No lo entiendo –dije–.

—Sí que lo entiendes, pero debes trascender la simple apariencia del mundo externo que te envuelve y concentrarte en la parte más esencial de tu propia existencia, esa que permanece más escondida y que tú te propones de algún modo descubrir.

—Pero mi existencia es material –me escucho decir–, mi tiempo, el que marcan mi calendario y mi reloj y mi espacio en este instante, el de este hermoso jardín y esta cautivadora fuente.

—Sin embargo, yo sé, que, desde hace algún tiempo, estás buscando otra realidad más profunda que ahora te niegas a reconocer en tu verdadera naturaleza. ¿Cómo crees que es esa otra existencia real? ¿recuerdas los segundos que, siendo todavía un niño, pasaste en el fondo de aquel río, de cuyas aguas creías no poder salir, pero que al fin lo lograste sin saber cómo? ¿o también, no hace mucho tiempo, cuando te viste atropellando con tu coche a una mujer que cruzaba la calle, sin que finalmente llegaras a rozarla? Parecían milagros, ¿no es así?, pues solo son ejemplos de algunas intervenciones a tu favor que pasan desapercibidas.

—Yo, escuchaba atónito la mención de aquellos sucesos vividos que recordaba con toda claridad, los instantes de angustia que en su momento me habían producido y las preguntas que me había hecho después acerca del modo en el que se habían resuelto.

—Sin embargo –continuó–, casi nadie repara en este tipo de intervenciones, ni piensa cómo y por qué suceden. Una cosa es conocer bien las reglas del mundo exterior en el que se vive y su funcionamiento, y otra, es saber reconocer la esencia de cómo y por qué esas cosas suceden, sin que resulten alteradas por los condicionantes de una mirada convencional o aparente.

Sus respuestas resultaban bastante comprensibles para mí y continué preguntando.

—Pero, ¿cómo se adquiere ese reconocimiento?

—Eso lo puedes averiguar tú mismo si haces el esfuerzo de atención necesario y persistes en ello. Es verdad que, en tu ya largo camino recorrido, has dado pasos para llegar a una posible comprensión de las cosas a través de la sola percepción lo que resulta difícil de conseguir. Por eso estoy aquí, para ayudarte en el tránsito hacia algo que no es fácilmente reconocible desde el mundo exterior, porque tiene sus claves en tu interior. Hay que hacer una labor de profundización y atención máxima, para poder descubrir esas claves que rigen el orden y configuración de las cosas, su relación de causalidad, para llegar a esa posible comprensión de cómo y por qué suceden.

Me hallaba en un momento de deslumbrante exaltación. Sabía –porque lo había leído–, que a veces, ocurren situaciones o experiencias transcendentes, en las que tu propio yo va diluyéndose para integrarse, de alguna manera con el resto del universo y tu conciencia es la de un todo con el que se integra de forma natural. Pero eso no era lo que me estaba sucediendo a mí, que tenía plena conciencia de un yo separado de todo lo demás, donde mi mente funcionaba con pensamientos que hacían preguntas y jugaba con posibles soluciones. Además, yo estaba utilizando un lenguaje conceptual, que, para colmo estaba siendo entendido y respondido por ese otro ser, por lo que mi propia identidad y autonomía estaban intactas. Sin embargo, estaba viviendo una experiencia de gran intensidad a partir de la contemplación de una imagen que me producía tal sensación de goce y belleza que me colocaba al borde de la revelación, de comprender el sentido del mundo.

—Algunos dicen que toda existencia y todo suceso están previamente determinados —me escuché decir— y que solo varía la forma de su percepción por parte de quien lo percibe.

—Ciertamente, pero los humanos tenéis una parte de libertad incuestionable, cada uno es distinto y la utiliza de diferente manera, porque los procesos y las claves de la indagación no son exactamente las mismas para todos, dependiendo del momento de su evolución en consciencia.

En ese instante me embargó una inquietante sensación mezcla de misterio y de poder, de fuerza y energía que emanaba de aquél ser, empujándome hacia una mayor proximidad. Así, me fui acercando lentamente a aquella imagen con la fuerza de atracción de un imán y como precipitándome por un gran abismo, fui comprobando con estupor cómo su frente se transformaba en mi frente; cómo sus ojos adquirían la expresión de los míos; cómo su boca, se tornaba en mi propia boca, y así sucesivamente…

Me hallaba preso de un aturdimiento colosal cuando las voces, cada vez más próximas, de un grupo de niños que cantaban y gritaban con fuerza me sacaron de mi aturdimiento. Pasaron junto a mí de forma desordenada y errática, mientras trataban de ser controlados por dos cuidadores que los acompañaban en su paseo. Uno de ellos gritó: ¡Mirad, lo bien que huele aquí! ¡Qué perfume tan delicioso se respira!, mientras los niños se alejaban ajenos a casi todo que no fuera juego y movimiento, empujándose unos a otros sin parar de gritar.

Cuando al fin me quedé solo, la imagen ya había desaparecido, pero su olor aún permanecía allí, como prueba inequívoca de su momentánea presencia.

La experiencia no volvió a repetirse, pero yo permanezco atento y como muchas otras veces, hoy también me encuentro sentado aquí, en este lugar del jardín que parece el mismo, a pesar de su constante mutación temporal; en un momento distinto de otro día diferente; ante la misma, pero a la vez distinta fuente, con el rumor del agua en ese movimiento inequívoco de las órbitas de sus círculos, siempre de afuera hacia adentro y en un tiempo que no puedo definir bien, tratando de descubrir mis propias claves para intentar introducirme de nuevo en esa vía de reconocimiento de otra realidad posible que me llama con insistencia.

LA DESCONEXIÓN: UN PROCESO INCÓMODO

I

Me llamo Rafael, tengo setenta y cinco años y cuando escribo estas páginas puedo asegurar que conservo todas mis facultades mentales. Como mi vida es ya larga, he tenido ocasión de contemplar y experimentar muchos cambios sustanciales producidos en la sociedad a la que pertenezco, que he ido asumiendo con mayor o menor agrado según su contenido y características. Pero desde hace ya algún tiempo, los rasgos dominantes que contemplo en la escena de hoy me producen un cierto vértigo, cuando no un claro desasosiego que me empuja hacia un proceso de desprendimiento progresivo de muchas de las cosas que antes formaban parte de mi vida, aunque algunas de ellas fueran de escasa relevancia. La razón, es que habían perdido tanto interés para mí, que solo era posible mantenerlas con mucho esfuerzo, aunque de manera consciente, todavía trataba de minimizar sus efectos, incluso de disimularlo de la mejor manera posible ante las escasas personas que aún formaban de alguna manera parte de mi entorno, para evitar quedarme completamente fuera del contexto en el que me movía.

Como siempre he sido muy analítico, pensaba que eran dos las causas que me habían conducido a ese proceso de desprendimiento casi involuntario. La primera, tenía que ver con mí carácter y personalidad, bastante proclives a ello, puesto que desde que tengo memoria, siempre he sido, por decirlo de alguna manera, alguien atípico, con escaso interés por el entorno, carente de esa afinidad con los demás que hace más fácil su integración y pertenencia a un grupo. Siempre he conservado una gran autonomía de pensamiento y también de actuación, sin adscripciones a grupos, ideas o partidos de cualquier signo. Desde hacía mucho tiempo, había sido consciente de esa barrera indefinible que me separaba de los otros, dificultando cualquier aproximación, a diferencia de lo que sucedía con otras personas de mí misma condición y circunstancias, que se relacionaban de forma natural y sin ninguna clase de esfuerzo. Nunca había sabido explicarme del todo esa característica mía que se producía sistemáticamente a lo largo de mi vida, y que, en la mayoría de las ocasiones no me había importado nada, y en otras –las menos– me había procurado cierto malestar. Un claro retraimiento de carácter y seguramente una dificultad para empatizar con determinadas formas de actuación eran las causas más evidentes de ello, pero aun así, había ocasiones en las que me parecía que tales razones no eran suficientes para justificar esa distancia que se producía entre mi entorno y yo, sobre todo, cuando se trataba de un contexto muy próximo y conocido, en el que esos efectos nunca llegaban a desaparecer del todo, porque, casi siempre, se me trataba con una distancia y un respeto que no apreciaba respecto de otras personas. Esa circunstancia había propiciado, como no podía ser de otra manera, una escasez de amistades, y también que, casi todas desaparecieran cuando lo hicieron los vínculos sociales y profesionales que nos unían después de mí jubilación y consiguiente abandono de la actividad profesional. Hubo un tiempo en el que las coincidencias por razones laborales y sociales propiciaban una clase de acercamiento parecido a la amistad, pero desaparecidas esas circunstancias, ya no había razón ni ocasión para seguir manteniendo ese contacto que casi nadie buscaba.

La segunda razón era de índole externa. Estaba relacionada con las desagradables características que, desde mi punto de vista, estaban transformando la sociedad en la que vivía, dominada por una banalidad alienadora, donde, cada vez con más frecuencia, observaba la existencia de un pensamiento plano y uniforme, que venía impuesto desde fuera, a través de una serie de mensajes y eslóganes repetidos hasta la saciedad que, sin embargo, eran asumidos fácilmente, sin ninguna clase de rebeldía, por una inmensa mayoría sin cotejo, contraste o crítica alguna. Una especie de sociedad anestesiada —pensaba para mí–, que asumía tendencias, opiniones, gustos o juicios de valor claramente prefabricados y eficazmente distribuidos para su aceptación y utilización por parte de una mayoría que, incomprensiblemente, los asumían como si fueran propios. Atribuía esta circunstancia, en parte, a la evidente caída del nivel educativo y de formación como seres humanos, que consideraba la herramienta esencial con la que poder enfrentarse a un futuro en el que hay que pensar, decidir y actuar con solvencia. Observaba con preocupación, efectos tan negativos como la tiranía y el acoso ejercidos por los más pequeños, sobre otros, en los colegios, que producían heridas con las que algunos tendrían que caminar en el futuro, cuando no conducían a situaciones tan drásticas como la del suicidio. O la importancia decisiva de mantener una determinada imagen —en especial la de la la mujer–, para ser apreciada en la sociedad, creada e impuesta conforme a unos cánones de banalidad de dudoso valor para su progresión como ser humano; la tiranía de los llamados "influencers", ese anglicismo bajo cuya figura tenían cabida la superficialidad y el engaño, a veces de contenido perjudicial, para generar unos beneficios económicos desproporcionados y cuya posición, a veces inalcanzable, era causa de frustración o exclusión de muchas personas. La inquietante utilización de las redes sociales, amparando y difundiendo en muchas ocasiones manifestaciones de lo peor de la sociedad. El insoportable contenido general de la televisión, donde se daba voz a personajillos mediáticos de escaso interés, emitiendo programas de tan bajo nivel humano y cultural que llegaban a provocar la náusea, pero que, sin embargo, gozaban de tan numerosa audiencia, que era otra muestra clara que señalaba el camino hacia una banalidad alienadora. Observaba la obligada dirección que seguían distintos medios de comunicación, que, convencidos o no, participaban de ese criterio uniforme y predeterminado en la transmisión de sus mensajes, confundiendo a buena parte de quienes los escuchaban con esos criterios que se difundían, como los únicos aceptables dentro de una sociedad moderna y democrática, convenciéndolos de que eran sus propios criterios Por encima de todo ello, primaba la imposición de un pensamiento único, claramente prefabricado y dirigido para que resultara asumido como propio en función de unos fines concretos. Me parecía que nunca había habido tanta falta de libertad como que observaba en la escena de hoy, donde se privaba al individuo de la facultad de pensar por sí mismo, disminuyendo así su propia entidad como ser humano hasta extremos inquietantes. Veía también el desequilibrio personal que se producía en la edad adulta, motivado por la presencia de alguna característica física o psíquica que no se ajustaba al modelo impuesto; o, por el estrés provocado por una desproporcionada demanda de la actividad laboral o profesional que absorbía al individuo, dejándole sin tiempo para un espacio personal; la imperiosa necesidad creada de estar conectado de forma permanente a los instrumentos técnicos, en detrimento de otras capacidades y actividades esenciales para el ser humano; o, en fin, el exagerado valor de "producir" y gozar de una alta capacidad económica, apta para un consumo desenfrenado que se presentaba como panacea de un concepto de bienestar que excluía otros valores esenciales y necesarios para que, en efecto, esa situación pueda producirse. Veía la opacidad y el equívoco del mundo financiero, dominado por fuerzas desconocidas que conducía a muchos a la pérdida de lo que habían deseado conseguir o conservar. En definitiva, una sociedad donde el valor de cualquier bien o servicio aparecía medido y analizado exclusivamente con parámetros económicos, muchas veces ignorados por su consumidor, para beneficio de aquellos que lo ofrecían.

No pretendo en absoluto sentar criterio, ni que tales afirmaciones sean compartidas por otros, sino que tan solo son el producto de una reflexión personal de mi propia experiencia. Tampoco estoy en contra de los avances técnicos, solo de una desafortunada utilización en perjuicio de otras capacidades que considero esenciales. Y, por supuesto, no pienso que otro tiempo fue mejor, sino que me limito a describir las circunstancias que, desde mi punto de vista, concurren en este, con el propósito de intentar comprender mi particular existencia.

Sin embargo, soy a la vez consciente de que esta generación que contemplo con un cierto desagrado, es, -como todas-, producto y responsabilidad de las anteriores, también de la que yo he formado parte, que encierra en si misma las claves de lo que pudiera haberse hecho mal. Sé, que lo que escribo, puede resultar incómodo para una mayoría, que la discrepancia de pensamiento tiene hoy muy mala prensa, porque se asocia a un pesimismo del que muchos tratan de escapar, sin que, por ello, deje de estar ahí, como también, la necesidad imperante de ahondar en sus causas, para asumir la parte de responsabilidad que a cada uno corresponde y, si fuera posible, para enderezar la dirección del camino, desde mi punto de vista erróneo, que se ha tomado.

Todas esas, eran las razones por las que hacía ya algún tiempo que sentía una profunda irritación que me iba alejando progresivamente del entorno al que pertenecía, haciéndome mirar el mundo con gran desinterés y desgana, como algo ajeno a mí, sin poder lograr una asimilación posible con ese entorno. La idea de que yo pensaba, sentía y me comportaba de forma distinta a lo demás, como una rara avis, estaba casi siempre presente en mí existencia. Claro que, como ya he dicho, esta sensación de discrepancia con el entorno provenía de mucho tiempo atrás. Sin embargo, el proceso de desafección al que me refiero, se había ido acelerando de manera casi involuntaria en los últimos tiempos de forma alarmante, lo que me producía un gran desasosiego ante la idea de quedarme completamente solo. Por eso, trataba de disimular mucho, fingiendo interés y curiosidad por cosas que en realidad no me importaban en absoluto. Muchas veces trataba de distraerme, como hacían los demás, con comentarios o sucesos ocurridos que no producían en mí esa distensión que observaba a mi alrededor y que yo también deseaba sentir sin llegar a conseguirlo.

II

No sabría concretar bien cuando comenzó esta última etapa del proceso que me estaba llevando a esa desagradable situación en la que me encontraba. Creo recordar que se agudizó cuando, ya libre de tareas laborales y compromisos sociales, en la soledad y silencio de mi casa, las constantes e inoportunas llamadas de las grandes empresas de telefonía, electricidad, compañías de seguros o bancos comenzaron a entrometerse de manera irrespetuosa en mi espacio privado particular, a través de una serie de una serie de llamadas intempestivas, en las que una voz falsamente interesada en mí bienestar me ofrecía beneficios exclusivos a través de una soflama plagada de insensateces y mentiras que hacían superflua cualquier réplica posible, además de interrumpir mí vida cotidiana en los momentos más inoportunos, lo que hacía que la irritación fuera en aumento. El mecanismo utilizado por los agentes ocupados en esta misión revelaba claramente la nula consideración que esas entidades y empresas tenían hacia las personas a las que se dirigían. Por supuesto que esas llamadas se habían producido con anterioridad en el tiempo, pero la vorágine de una vida activa, repleta de obligaciones y compromisos hacía que repara en ellas con menos acritud, además de que no eran tan frecuentes como ahora sucedía. La última de esas llamadas que había colmado mi paciencia, fue aquella en la que se me ofrecía el seguro de los gastos de mi sepelio, pensando, —según me advertía la voz de la vendedora—, en la descarga emocional y económica que ello supondría para mis herederos. La irritación que la propuesta me produjo en ese momento, me empujó a llamar la atención de mi interlocutora sobre algunas consideraciones que la dejaron sin palabras para articular una posible respuesta sobre el sentido de su proposición y terminó pidiéndome excusas. A partir de ese momento, decidí no escuchar ninguna de esas propuestas, lo que me llevó a atender solo las llamadas de números conocidos, con la consiguiente consecuencia de perder avisos o citaciones necesarios en el desenvolvimiento de una vida como la actual, donde todo se resuelve a través del móvil.

Mi mente se hallaba inmersa en un análisis más detenido sobre los comportamientos y las conversaciones grupales, las tomas de posición, las aficiones, las críticas estereotipadas, los lugares comunes. Nada nuevo y menos aún reflexionado. Y aunque había sido consciente de la situación desde hacía tiempo, no sé cómo, ni de qué manera, había ido logrando pasar por encima de todo esto, sin resentirme demasiado por ello. Era ahora, cuando sentía que las cosas me afectaban de forma distinta, cuando el puro desinterés y la desidia me invadían totalmente. Observaba el mundo con desganada extrañeza. Desde el autobús, mi mirada se paseaba indiferente por el interior y el exterior del vehículo, sin detenerse en alguien o algo concreto que pudiera llamar mi atención. Reconocía todos los estereotipos humanos que se hallaban cerca de mí, personas jóvenes y mayores, todos ellos de características tan uniformes entre sí, que definían con claridad su procedencia y condición, incluso su forma de pensar y comportamiento previsible. Su indumentaria, extremadamente homogeneizada; sus actitudes perfectamente reconocibles y catalogables; sus conversaciones, siempre banales, cuyo contenido podía ser seguido casi sin oírlos ni prestarles la más mínima atención y sin el menor atisbo de sorpresa. Más de lo mismo hartamente conocido en su asimilación a un arquetipo vulgar y repetido hasta la saciedad.

Estaba ya tan separado del medio que sentía vértigo por la singularidad y soledad de mi existencia, que poco o nada tenía que ver con el mundo que me rodeaba. Me encontraba lejano y ajeno a la realidad que palpaba día a día. Cada vez notaba con mayor intensidad ese distanciamiento de un mundo exterior que me aburría soberanamente, pero, al mismo tiempo, sentía que también él me rechazaba. Entonces, me asaltaba un verdadero temor de mí mismo, de resultar cada vez más incapaz de integrarme mínimamente en un contexto del que no me sentía formar parte, pero donde tenía que continuar viviendo, sin saber ya cómo hacerlo. Hasta no hace mucho tiempo, sabía fingir, sabía sonreír ante lo que los demás sonreían, aunque no me hiciera la menor gracia y podía compartir el tiempo con ellos, sin que se evidenciara demasiado esa distancia que nos separaba, o tal vez fuera que esa distancia era mucho menor de lo que es ahora. No lo sé. Lo cierto, es que ahora, sentía la necesidad de detener este progresivo proceso de desconexión a través de los lazos que aún mantenía con las escasas personas con las que todavía me relacionaba. No me resultaba nada fácil, –o eso me parecía a mí–, porque esas personas no hacían el más mínimo esfuerzo por entenderme –o eso interpretaba–, y, tal vez, las cosas no eran exactamente tal y como yo las percibía.

Pero entonces ocurrió lo imprevisto. Una pandemia a nivel mundial irrumpió en nuestras vidas para modificar, algunas de ellas, de forma irreversible. La experiencia del estado de alarma y el confinamiento en casa fueron, en contra del criterio general, un regalo para mí. De repente, todo lo más superfluo y aborrecible de la sociedad, todo lo más incómodo, había cesado. Se había suspendido toda actividad de participación o contacto social. Todos nos hallábamos encerrados en nuestras casas por temor a un mal superior. Me encontraba bien en mí soledad, leyendo, escribiendo y escuchando música sin ninguna interrupción ni pérdida objetiva destacable. Era consciente de mi situación excepcional y también, de que había mucha gente que lo estaba pasando mal, pero a mí, me había tocado vivir solamente la parte más positiva de esa situación, que me afectó solo de manera positiva, ayudándome a realizar una labor de introspección interna que me sirvió de mucho. Durante ese tiempo no se produjeron sombras que enturbiaran mi existencia tranquila y productiva, a veces, hasta luminosa, en la que permanecí hasta su final, haciendo una labor de siembra, cuyos frutos –pensaba–, podría recoger mucho después.

Sin embargo, esta situación fue solo un paréntesis y después todo volvió con mayor fuerza de imposición, con más virulencia y mayor sometimiento a ese pensamiento único que yo rechazaba. Hasta el lenguaje, de un valor considerable para mí, se vio trastocado, como un elemento fundamental que resultaba claramente identificador de la disidencia. Ahora, era mucho peor. Desde sus estrados y tribunas, como de apóstoles de la verdad, políticos, informadores y demás personajillos mediáticos sin instrucción, emitían sus consignas y opiniones inapelables, a través de una cantinela insoportable, donde el valor de la palabra era transgredido. El calentamiento social ante determinadas situaciones que no encajaban en el sistema provocaba el linchamiento de quienes, por alguna razón de conveniencia, o por su falta de participación en la consigna a seguir, habían caído en desgracia, mientras, por otro lado, permanecían en la escena, y a la vista de todos, conductas personales de consecuencias desastrosas para la sociedad, de las que nadie se hacía responsable y donde tampoco había intención de exigir responsabilidad alguna. Contemplaba, en efecto, una sociedad anestesiada, cada vez menos capacitada para pensar y menos aún de actuar por cuenta propia. A veces, me decía, que el mundo entero no podía ser así, que necesariamente tendrían que existir personas autónomas en la manera de pensar y comportarse, aunque yo no las hubiera sabido encontrar, y el sentimiento que me invadía era de completo desasosiego. No, esto, definitivamente, ya no era para mí. Estaba convencido de que mí tiempo había pasado, que ya no era posible mi encaje en la nueva situación creada, de la que me habían expulsado definitivamente, o a la que, tal vez de manera consciente, yo había rechazado.

III

Fue entonces cuando decidí buscar otro camino, iniciar una nueva senda que me permitiera trascender de alguna forma la realidad conocida, el mundo de la simple apariencia, ese que ya había dejado de interesarme. Y para ello, me imaginé un espacio único y particular, al que llamé la Sala de Espera, a la que, desde luego, no resultaba nada fácil acceder y menos aún permanecer en ella. Se requerían condiciones de tranquilidad, sosiego e incluso de soledad –yo las tenía–, que resultaban incompatibles con el ajetreo de una vida activa plagada de quehaceres y obligaciones. Y también un interés y una capacidad para la reflexión de los que muchos carecen, por lo que era una experiencia difícil de compartir con alguien. El caso es que estaba solo en esta nueva tarea que solo a mí me concernía.

En esa Sala de Espera creía encontrarme un paso más allá de lo que suponía la mera integración en el medio social conocido, cuyos discursos ya no me servían, y a partir de ese momento se hacía necesario encontrar algo distinto, más decisivo, palpar otra realidad, algo que tuviera que ver con lo que de verdad era yo. No se trataba de buscar la tranquilidad necesaria para la aceptación de una muerte segura, porque eso yo ya lo tenía superado. Mi particular Sala de Espera surgía en la vida y para la vida, desde la que podría intuir posibles respuestas y justificaciones a esos interrogantes que algunos nos hemos planteado, pero que aún está fuera de nuestro control. Empecé por considerar la permanencia en esta sala como un tiempo de escucha atenta, abierta a nuevas sensaciones a la percepción de otras experiencias, de otros mensajes diferentes a los habituales. A veces percibía ecos de otras voces que alguna vez estuvieron cerca de mí, pero que ya no estaban, voces que, de alguna manera, hacían algún tipo de advertencias; escuchaba lejanos sonidos que, tal vez, podían arrojar una nueva luz; porque de lo que se trataba, -ahora lo veía más claro-, era la de buscar un estado de ampliación de consciencia, un sentido que justificara el momento presente de mí vida, del aquí y el ahora —eso de lo que se había hecho un lugar común, pero muy pocos entendían—, porque sabía que la mente tiene capacidades insólitas cuando está entrenada. Una de las preguntas recurrentes que yo me hacía, tenía que ver con la razón de mi continuidad en esta existencia, mientras los otros, casi todos mis allegados ya no lo hacían. Porque la realidad era que yo me había quedado solo antes de tiempo.

La tarea de escucha atenta requería también de una cuidada selección para descartar posibles mensajes inútiles o equívocos; requería una labor de discernimiento esencial para percibir todo aquello que pudiera suponer una señal certera, una pista, un elemento clarificador en esta búsqueda, que pudiera dar respuesta a algunos interrogantes que me inquietaban: la desigualdad en los destinos individuales; el desequilibrio de fuerzas que produce el desorden de un sistema; la transgresión de las normas naturales que lo rigen, o, en fin, la incertidumbre ante un conjunto de mensajes que no terminaban de encajar. Porque esa intuición de la que partía se basaba, de una parte, en la creencia de que existen reglas de un orden universal establecido que tiene que tener su explicación y que no puede quedar contradicho por esa percepción que tenemos de desorden de las cosas que rigen nuestro propio mundo. Y de otra, en la convicción de que, no todo lo que podemos llegar a saber está condicionado por nuestros propios límites convencionales, sino que, a veces, se hace posible llegar a traspasar esos límites y trascender más allá de nuestros sentidos y nuestras capacidades, para alcanzar a comprender algo de lo que hay en la trastienda. La búsqueda de una razón más amplia y general que el sentido de la propia vida, de una posible comprensión de todo eso que sucede en general y, por tanto, también en la propia existencia, de cómo y por qué sucede, lo que debía responder a unas reglas básicas de orden y equilibrio universal existentes fuera de nuestro entorno, que, de alguna manera, resultaban necesarias para su mantenimiento. En definitiva, de una comprensión más cercana de la existencia misma y su funcionamiento como parte de un todo.

Después, convencido de que el problema no podía ser solo mío, inicié una labor de indagación más profunda, de búsqueda de opiniones de contemporáneos míos acerca de la situación que estaba viviendo. Me dediqué –tenía tiempo para ello–, a estudiar algunas de las bases del pensamiento humano que se habían expuesto con anterioridad, pero, sobre todo, dediqué la mayor parte de mi tiempo a "escuchar" lo que mis contemporáneos pensaban y decían acerca de esta cuestión en los diversos ámbitos de la información social y política. El uso de las nuevas tecnologías hacía fácil la labor. El resultado de las escuchas fue sorprendente para mí, porque eran bastantes las voces que reconocían que la nueva era de la humanidad, sería la del control mental, donde una eventual guerra sería solo mental, de control de la mente humana. Y también, que la humanidad, se encontraba en un final de ciclo, tras el que se desembocaría en otra cosa distinta, lo que conllevaría una transformación de nuestro sistema de creencias y una renovación interior de cada individuo en esta encrucijada histórica que calificaban de crucial y cuyo resultado, dependería de que encontráramos el relato adecuado.

Comprendí que, en contra de lo que pensaba, eran muchas las personas que en la escena de hoy –y por supuesto, desde mucho antes–, se habían planteado algo parecido a lo que yo me venía planteando sin saberlo y habían dado un paso más allá en lo que, de manera coincidente, solían llamar "despertar" o, lo que es lo mismo, avanzar por la senda del autoconocimiento, que, en definitiva, consistía en una práctica de un trabajo destinado a lograr percibir lo más esencial del ser humano. Quedé perplejo cuando me di cuenta de que había descubierto por mí mismo, de forma autónoma y sin saberlo, el camino de la meditación e imaginado sus posibles beneficios, porque, como antes he dicho, fue mucho después de haber imaginado y permanecido algún tiempo en mi particular Sala de Espera, cuando descubrí que esa idea que yo había tenido no era tan distinta del autoconocimiento y la posibilidad de ese "despertar" al que no solo habían aludido voces antiquísimas, sino también, otras voces actuales, coetáneos míos que habían compartido el mismo mundo que yo y aseguraban haber encontrado un camino por el que transitar, para descubrir esa otra parte de nosotros mismos que resulta tan difícil de vislumbrar en el mundo de hoy, pero que, una vez descubierta, aportaba una clase de conocimiento y percepción de la realidad más certera y más positiva de la que, en general, se tenía. Me dediqué a estudiarlos durante algún tiempo. Los había de variados perfiles y distinto nivel intelectual, pero todos ellos bebían de las mismas fuentes de una sabiduría primordial –que yo tampoco conocía bien– y tenían un proyecto común, el de divulgar entre sus coetáneos la posibilidad de otra forma de vida para alcanzar otros objetivos superiores y distintos a los habituales. Escuché con mucho interés estas voces, tratando de separar lo que pudiera ser pura charlatanería, del pensamiento expuesto con cierto conocimiento y rigor. Aprendí de aquellos que conocían el campo de la ciencia, cuestiones esenciales que hacían necesario entrenar la atención, como la de que dice que estamos rodeados de cosas invisibles que no percibimos, o que el vacío, es el soporte de todo lo que existe; que la mente, está dentro y fuera de nosotros, conectada con un todo universal, del que solo conocemos un cinco por ciento. Conocí la enorme aportación de los descubrimientos de la física cuántica sobre el comportamiento del mundo microscópico, que avalaba algunas de las tesis que se hacían en este sentido.

Hubo dos cuestiones que llamaron mucho mi atención. La primera, fue comprobar cómo en el discurso y propuestas de todos ellos, siempre había un tronco común, basado en sabidurías ancestrales o primigenias, ya fueran de corte oriental –la mayoría–, o bien occidental, –dentro de las que, por razones obvias, yo me incluía–, donde destacaba la figura de Jesús de Nazaret por encima de cualquier otra. La segunda, fue más impactante a nivel personal, al comprobar el paralelismo y la semejanza que había entre lo que ellos proponían para llegar al autoconocimiento y lo que yo –sin saber nada de ello–, había considerado esencial en mi particular indagación personal para tratar de ir un poco más allá en el conocimiento de mi propia realidad, como por ejemplo, la importancia del silencio y de la escucha; la fiabilidad de la propia intuición para apartarnos de lo que no es el camino a seguir; el factor determinante de la atención, como herramienta imprescindible para la consecución de un posible resultado, que se traducía en una mayor capacidad de percepción de la realidad; la meditación, a través de la práctica del silencio, pero que no garantizaba resultados. Me asombró tanto el paralelismo existente entre lo que se decía y lo que caracterizaba a mi particular Sala de Espera, silenciosa y enigmática, que llegué a la conclusión de la fiabilidad de mi proyecto y de que, en efecto, era en ese lugar donde cabía la posibilidad de encontrar algo de lo que yo buscaba.

A partir de ahí, se producían divergencias ostensibles entre mí situación y la de quienes transmitían esos mensajes. Se trataba de personas más jóvenes que yo, que habían comenzado su andadura mucho antes, y, por tanto, en un momento vital diferente al mío, por lo que, gran parte de su discurso iba dirigido a quienes todavía se encontraban en un momento más central de su vida –lo que llamo la "vorágine" de la vida–, donde era más difícil encontrar un tiempo y un espacio necesario para poder escuchar. Se trataba de personas que tenían una vida muy activa, una agenda plagada de compromisos, de conferencias, reuniones y retiros, en los que poner en práctica todas esas enseñanzas. Habían escrito muchos libros donde exponían su pensamiento y sus métodos. Estaban volcados en una actividad exterior muy intensa para dar a conocer las posibilidades de ese mundo interior del que hablaban. Yo, estaba en un punto diferente. Me encontraba solo, en el tramo final de un largo camino, con la única pretensión de recorrerlo en solitario de la forma más consciente posible –además, la voz de un anciano está denostada en la escena actual, es poco fiable y menos aún respetada–, por lo que me dediqué al examen de estas cuestiones en soledad y a la práctica de la atención meditativa. Estudié la incomparable figura de Jesús de Nazaret desde una perspectiva nueva. Ese Jesús sabio, rebelde y transformador, como gran referente histórico. Un Jesús que también oraba de forma contemplativa, que buscaba el silencio y la soledad elevando sus ojos al cielo y, a veces, fuera de los momentos prescritos. Examiné sus mensajes más allá de la doctrina católica, algunos de los cuales resultan muy difíciles de comprender, y más aún de poner en práctica.

IV

Sin embargo, y aquí llega lo más extraño de mi experiencia, después de algún tiempo aparecieron los primeros síntomas de alarma. Las necesarias operaciones virtuales, que antes realizaba a un nivel medio, comenzaron a resultar muy difíciles, casi imposibles para mí. No sabía utilizar el ordenador, porque siempre faltaba o sobraba algo, darle a la tecla apropiada, que, en absoluto, representaba para mí lo que se supone que representa en un contexto general que, sin embargo, yo desconocía. Los más allegados a mí, me decían que se me ha olvidado lo que antes sabía y que era necesario tomar algunas clases para recuperarlo. Aunque no compartía esta opinión, me mostré dócil y acudí a unas clases en las que, mi única posibilidad para poder operar era aprenderme todo de memoria, cualquier signo, cualquier acción para no detener un proceso cuyas reglas no conocía ni comprendía ya, porque resultaban contraintuitivas para mí. Unas reglas que significaban y, en consecuencia, actuaban siempre de forma contraria a lo que yo creía, operando de forma distinta a como debían hacerlo. Todo era contraintuitivo.

Lo que describo, no parecía responder a un simple desconocimiento de cómo funcionan los ordenadores –este proceso ya lo había sufrido muchos años atrás con su implantación en el mundo laboral–, sino que iba más allá, porque ahora se trataba de una incapacidad para adecuar mi pensamiento a las reglas del sistema, y, en consecuencia, de una imposibilidad para poder utilizarlo, salvo cuando hacía un gran esfuerzo de memoria. Había hecho caso a la opinión de acudir a unas clases sin convicción alguna, solo para demostrarme a mí mismo que aquello que me ocurría nada tenía que ver con un olvido o pérdida de memoria de lo que antes sabía. Salía muy confuso de aquellas clases, con un montón de apuntes sobre lo que debía hacer en cada caso concreto para no detener el sistema. Después, lo memorizaba íntegramente para echar mano de ello en el momento de la práctica, donde, y a pesar de mis esfuerzos, casi nunca llegaba a buen puerto. Parecía que la máquina me rechazaba, reaccionando a mis esfuerzos de forma diferente, lo que a nadie más le ocurría, en una especie de comportamiento errático, como si la máquina me reconociera cuando la tocaba, negándose entonces a cumplir su función.

Mas tarde, advertí otro cambio, cuando decidí a escuchar alguna de esas llamadas intempestivas de las compañías de turno ofreciendo mejores servicios y a mejor precio del que yo tenía. En alguna ocasión –muy pocas–, de las que atendía una de esas llamadas, observé una clara diferencia en el comportamiento de los interlocutores, porque ahora –a diferencia de lo que ocurría antes–, desistían muy pronto de su empeño, tras comprobar que hablaban con alguien que no estaba en la onda, y, por tanto, no alcanzaba a comprender la calidad del servicio que ofrecían. En ese momento, desaparecía su buena voluntad por mejorar mi calidad de vida. Alguno más insistente, se atrevía a preguntarme si tenía hijos u otra persona con la que pudiera hablar para explicarle las singularidades de su producto, pero al decirles que no, se daban por vencidos y cortaban la comunicación, lo que me suponía un gran alivio, al no sentir ningún interés por escuchar sus propuestas. Esta era solo una pequeña compensación dentro de la situación de zozobra que estaba viviendo, porque muy pronto pude advertir otra serie de comportamientos que progresivamente me iban dejando completamente fuera del mundo cotidiano y de las más insignificantes relaciones humanas.

Siempre me había gustado asistir a conferencias sobre algunos temas de mi interés, que eran variados. Seguía exposición con mucha atención y, a veces, intervenía en el coloquio que seguía a la conferencia. Sin embargo, últimamente observaba con asombro que, cuando en el coloquio hacía una pregunta, desde mi punto de vista perfectamente formulada en relación con el tema a tratar, el conferenciante quedaba desorientado, la expresión de su rostro cambiaba, probablemente porque no entendía lo que yo quería decir, y, por tanto, no sabía que responder. Alguno me pedía aclaración sobre la cuestión que planteaba, otros, pasaban sin más de mí, como quien pasa por alto la presencia de un intruso que quiere boicotear el acto. Pero ninguno sabía que responder. Los asistentes, sin embargo, no se reían, como suele suceder cuando se produce una intervención jocosa o digna de lástima, pero tampoco intervenían, permanecían callados, sin mostrar opinión alguna, como a veces había observado en la escena de hoy, donde nadie se significaba y muchos menos discrepaba de aquello que se decía.

El desconcierto que me producían tales hechos, me había conducido en alguna ocasión –también sin convicción alguna–, a la consulta de facultativos expertos en la materia, con el fin de averiguar si sufría alguna alteración mental o de simple expresión que justificara la respuesta que obtenía del exterior, pero, al parecer, todo estaba en orden. No había anomalía alguna que explicara aquello que yo les decía y que, ellos escuchaban distraídamente cuando ya estaban seguros del diagnóstico que debían transmitir al paciente, sin ánimo de perder un minuto de tiempo en disquisiciones que no les interesaban si no afectaban directamente al diagnóstico que arrojaba el examen de las pruebas realizadas, que, en mi caso, era perfectamente normal. Lo demás, no era de su incumbencia, porque otra característica esencial que observaba en el mundo de hoy es la de economizar el tiempo, sin ir un ápice más allá de la estricta cuestión a resolver, y, por tanto, sin interés alguno por situaciones anómalas que no se corresponden con el resultado de las pruebas reglamentariamente establecidas de las que extraen de forma imperativa e inapelable su conclusión, sin poner interés alguno en otras posibilidades que, eventualmente, pudieran desconocer. Todo estaba estandarizado, protocolizado y siempre se resolvía dentro de los márgenes establecidos, sin ir un paso más allá de los cánones convencionalmente admitidos. Lo demás, lo que no encajaba, era solo música celestial. De manera que nada pude sacar en limpio de aquellas visitas médicas, porque mi cerebro –me dijeron muy convencidos–, funcionaba perfectamente bien. Pero eso yo ya lo sabía.

Así, continué viviendo cada vez más separado y distante del contexto exterior en el que, de alguna forma había permanecido durante tantos años, al que ahora contemplaba con mayor incomprensión y una cierta melancolía, a medida que, de forma simultánea, mi mundo interior iba creciendo, agrandándose como un inmenso espacio en el que encontraba cabida todo lo que se me negaba fuera y donde las puertas se me iban cerrando de forma progresiva. Cada vez que se cerraba una de fuera, se abría otra dentro de mí, sustituyéndola y reclamando cada vez más y mayor atención. Ese era el proceso en el que me encontraba, hasta llegar a convertirme en un verdadero extraño para el mundo donde había vivido. A veces conectaba durante unos segundos la televisión como un autómata para saber que ocurría en ese mundo que ya no me reconocía, sin percibir dentro de mí reacción alguna frente a los avatares de los que daban cuenta informadores estandarizados. Otras veces salía a pasear por alguna senda frondosa en la que se respiraba bien y donde todo parecía estar en orden. Sin embargo, esa naturaleza, de apariencia más generosa que la del ser humano, tampoco me resultaba demasiado próxima, como si existiera una cierta dificultad para el reconocimiento, aunque no interfería, solo estaba ahí, presente e inmóvil. Volvía a casa sin rastro de fatiga, a pesar de que el paseo había sido largo. Me sentaba y leía hasta que, casi sin percibirlo, el sueño me iba venciendo. El tiempo se diluía en sí mismo de forma imperceptible.

V

Un día, cuando la desconexión con el entorno era casi completa y el proceso en el que me encontraba estaba muy avanzado, alguien llamó a mi puerta. Extrañado, quise ver a través de la mirilla quién podía querer aún intercambiar algunas palabras conmigo. Como estábamos en Navidad, esa fecha de impostada alegría y celebración, pensé que se trataba de alguien despistado que iba pidiendo por las viviendas del edificio algún tipo de contribución para fines benéficos. Me acerqué sigilosamente a la mirilla y pude atisbar una silueta raramente ataviada, pero con unos rasgos llamativamente similares a los míos, o, al menos, así me lo pareció. Cuando abrí la puerta y pude contemplar su rostro de cerca, me asombré del extraordinario parecido que aquella figura guardaba conmigo. Sin decir palabra, me sonreía como reconociéndome y en su silencio, me iba transmitiendo, sin palabras, algunas cosas que yo había querido saber y todavía no había logrado. Mientras miraba extasiado su imagen, iba comprendiendo sin ninguna clase de esfuerzo. Fue entonces, cuando advertí que en mi soledad, había dejado de hacer juicios de valor, que, desde hacía ya algún tiempo, las críticas, tan propias de mí, habían llegado a desaparecer por completo. Ya no interfería en las cosas, ni en las acciones cotidianas. Simplemente estaba ahí, en la espera y la observación, ese estado en el que había entrado voluntaria y deliberadamente, pero que, una vez dentro, me había ido transformando de forma casi imperceptible, hasta llegar a convertirme en lo que ahora era. Ahora lo veía con claridad. Había olvidado por completo todo lo que me molestaba de la sociedad en la que había vivido, la vulgaridad triunfante, la falta de rigor en los razonamientos y el relativismo cultural postmoderno. Me encontraba tranquilo, en una especie de "tránsito" hacia un lugar desconocido, en otra dimensión diferente, y eso explicaba situaciones que antes me habían resultado incomprensibles. Sencillamente ocurría que no me había ido de golpe, como estaba acostumbrado a ver en el mundo de antes, sino de forma escalonada y paulatina. Yo había deseado saber algo más, adquirir un nivel de consciencia superior, de mayor intensidad vibratoria. Había dedicado mucho tiempo y esfuerzos a ello; había decidido, de forma enteramente voluntaria, entrar en esa Sala de Espera, había tenido paciencia y mucha perseverancia para seguir caminando por la senda elegida. Ahora, todo parecía indicar –y era del todo consciente–, que ese camino estaba ya muy próximo

a llegar a su fin. Entonces, me puse en marcha, con la determinación de quién desea alcanzar su destino.

ÍNDICE